CALE A BOCA

OUTRAS OBRAS DE DAN LYONS

Disrupted: My Misadventure in the Start-Up Bubble

Lab Rats: How Silicon Valley Made Work Miserable for the Rest of Us

CALE A BOCA

O PODER DE FICAR CALADO EM UM MUNDO BARULHENTO

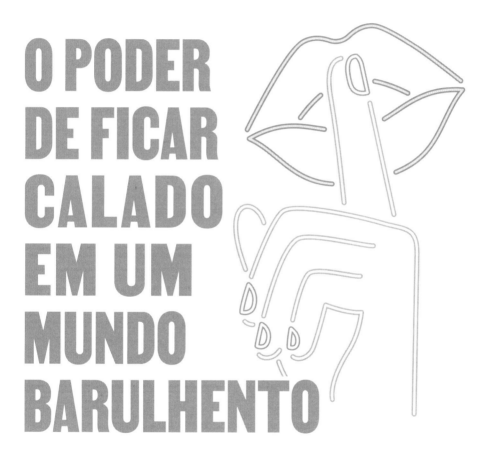

DAN LYONS

ALTA BOOKS
GRUPO EDITORIAL
Rio de Janeiro, 2024

CALE A BOCA

Copyright © 2024 Alta Books.
Alta Life é um selo do Grupo Editorial Alta Books (Starlin Alta Editora e Consultoria LTDA).
Copyright © 2023 Daniel Lyons.
ISBN: 978-85-508-2248-8

Translated from original STFU. Copyright © 2023. ISBN 9781250850348. This translation is published and sold by Macmillan Publishing Group, the owner of all rights to publish and sell the same. PORTUGUESE language edition published by Alta Books, Copyright © 2024 by STARLIN ALTA EDITORA E CONSULTORIA LTDA.

Impresso no Brasil — 1ª Edição, 2024 — Edição revisada conforme o Acordo Ortográfico da Língua Portuguesa de 2009.

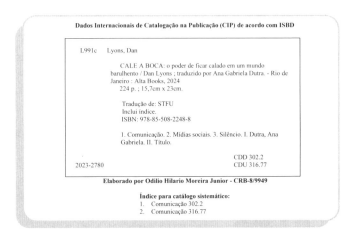

Todos os direitos estão reservados e protegidos por Lei. Nenhuma parte deste livro, sem autorização prévia por escrito da editora, poderá ser reproduzida ou transmitida. A violação dos Direitos Autorais é crime estabelecido na Lei nº 9.610/98 e com punição de acordo com o artigo 184 do Código Penal.

O conteúdo desta obra fora formulado exclusivamente pelo(s) autor(es).

Marcas Registradas: Todos os termos mencionados e reconhecidos como Marca Registrada e/ou Comercial são de responsabilidade de seus proprietários. A editora informa não estar associada a nenhum produto e/ou fornecedor apresentado no livro.

Material de apoio e erratas: Se parte integrante da obra e/ou por real necessidade, no site da editora o leitor encontrará os materiais de apoio (download), errata e/ou quaisquer outros conteúdos aplicáveis à obra. Acesse o site www.altabooks.com.br e procure pelo título do livro desejado para ter acesso ao conteúdo..

Suporte Técnico: A obra é comercializada na forma em que está, sem direito a suporte técnico ou orientação pessoal/exclusiva ao leitor.

A editora não se responsabiliza pela manutenção, atualização e idioma dos sites, programas, materiais complementares ou similares referidos pelos autores nesta obra.

Alta Life um Selo do Grupo Editorial Alta Books

Produção Editorial: Grupo Editorial Alta Books
Diretor Editorial: Anderson Vieira
Vendas Governamentais: Cristiane Mutüs
Gerência Comercial: Claudio Lima
Gerência Marketing: Andréa Guatiello

Assistente Editorial: Matheus Mello
Tradução: Ana Gabriela Dutra
Copidesque: Vanessa Schreiner
Revisão: Isabella Veras e Denise Himpel
Diagramação: Joyce Matos
Capa: Lorrahn Candido

Rua Viúva Cláudio, 291 — Bairro Industrial do Jacaré
CEP: 20.970-031 — Rio de Janeiro (RJ)
Tels.: (21) 3278-8069 / 3278-8419
www.altabooks.com.br — altabooks@altabooks.com.br
Ouvidoria: ouvidoria@altabooks.com.br

Editora afiliada à:

Para Sasha, Sonya e Paul

É necessário que cada pessoa neste planeta expresse cada uma de suas opiniões sobre cada acontecimento, todas ao mesmo tempo? É necessário? Ou, para perguntar de outra forma, alguém consegue calar a boca? Alguém consegue calar a boca sobre qualquer coisa por… uma hora? Isso é possível?

— BO BURNHAM, *INSIDE*

 # SUMÁRIO

Agradecimentos	ix
Introdução	1
1: Do que Falamos Quando Falamos de Fala Excessiva	13
2: CLBCD: Cale a Boca e Desligue	27
3: CLBC nas Redes Sociais	43
4: *Mansplaining, Manterrupting* e *Manalogues*	57
5: CLBC Como Remédio	71
6: CLBC no Trabalho	89
7: CLBC em Casa	109
8: CLBC no Amor	129
9: CLBC É Poder	143
10: CLBC e Escute	165
E, Agora, Você Alcançou a Perfeição	185
Notas	187
Sobre o Autor	209
Índice	211

AGRADECIMENTOS

No espírito do CLBC, tentarei ser breve. Mas sou eternamente grato aos muitos que dedicaram seu tempo para conversar comigo durante a escrita deste livro, que não seria possível sem eles. Essas pessoas incluem Virginia Richmond, que se tornou uma amiga; Michael Beatty, da Universidade de Miami, um companheiro *talkaholic*, ou viciado em falar, que é tão divertido quanto instrutivo, e Matthias Mehl, que me ensinou a ter "conversas significativas e substanciais" ao praticar muito comigo. Obrigado também a Katie Donovan, Sandra Bodin-Lerner, Amos Clifford, Jason Axsom, Jerry Colonna, Andy Crissinger, Kim Malone Scott, Todd Lynch e outros que ofereceram conselhos, informações e orientação.

Agradeço à minha agente, Christy Fletcher, e ao meu editor, James Melia, que sabiam do que tratava o livro, mesmo quando eu não sabia. Um muito obrigado a Amy Einhorn e a todos da Henry Holt and Company: Caitlin O'Shaughnessy, Laura Flavin, Pat Eisemann, Omar Chapa, Christopher Sergio, Morgan Mitchell, Kenn Russell, Janel Brown e Jason Reigal. Agradecimentos adicionais a Jenna Dolan e Mark Lerner. Além disso, gostaria de agradecer especialmente a Lori Kusatzky pela paciência, pela sabedoria e pelo esforço.

Acima de tudo, agradeço à minha família. Sou abençoado por ter vocês.

 # INTRODUÇÃO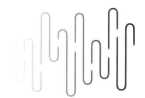

Estou dizendo isto como amigo, então, por favor, não me leve a mal. Mas quero que você cale a boca.

Não por mim. Por você.

Aprender a calar a boca mudará sua vida, tornando-o mais inteligente, agradável, criativo e poderoso. Pode até ajudá-lo a viver por mais tempo. As pessoas que falam menos são mais propensas a ser promovidas no trabalho e a ter êxito nas negociações. Falar com intenção — isto é, não apenas tagarelar — melhora nossos relacionamentos, nos torna pais melhores e pode aumentar nosso bem-estar psicológico e até físico. Há alguns anos, pesquisadores da Universidade do Arizona descobriram que as pessoas que passam menos tempo tagarelando e dedicam mais tempo a conversas substanciais são mais felizes do que as outras, tanto que ter boas conversas, escreveram eles, "pode ser essencial para uma vida satisfatória".

Não calar a boca, no entanto, definitivamente vai ferrar com sua vida.

Acredite em mim. Sou um falastrão inveterado, e isso me custou caro — em uma situação, milhões de dólares. Meu problema não é apenas falar demais; é ser incapaz de segurar palavras inapropriadas e de guardar minhas opiniões para mim. Muitas vezes, enquanto as palavras saíam de minha boca, eu sabia que me arrependeria e sofreria. Mas eu as dizia assim mesmo.

Felizmente, durante a maior parte de minha carreira, trabalhei como jornalista, cobrindo notícias sobre tecnologia para a *Forbes* e a *Newsweek*. Os falastrões conseguem sobreviver no jornalismo. Na verdade, é quase impossível fazer esse trabalho, a menos que você seja desagradável o bastante para dizer coisas que ninguém quer ouvir. Enquanto trabalhava em revistas, comecei a escrever comédia, outra área muito adequada para pessoas que não conseguem ficar caladas. Comecei escrevendo um blog no qual fingia ser Steve Jobs, CEO da Apple, o que era engraçado, mas de certa forma, às vezes, impróprio. O blog levou a um contrato para um livro, que levou a um acordo para uma série televisiva, que levou a um contrato como roteirista em uma série de comédia da HBO, *Silicon Valley*, e tudo isso levou a um convite para ministrar palestras. Quanto mais eu me tornava um falastrão imprudente, melhor a situação ficava.

É claro que o carma finalmente me pegou. Aconteceu quando, ao imaginar que eu poderia ganhar uma fortuna, garanti um cargo de marketing em uma startup de software que estava prestes a fazer um IPO. Ela me ofereceu um ótimo salário, benefícios incríveis e um generoso pacote de opções de ações. Para obter todas as minhas ações, o desafio era permanecer na empresa por quatro anos. E o mundo corporativo não toleraria minha insolência.

"Você terá que segurar a língua — muito", avisou um amigo jornalista.

"Eu sei. Mas eu consigo."

"Bem, boa sorte", ele disse. "Mas acho que você não vai durar um ano."

Muitos jornalistas conseguem fazer essa transição, incluindo alguns de meus amigos e ex-colegas. Se eles foram capazes, por que eu não seria? Eu me imaginei como um participante de um reality show, *Survivor: StartUp*, no qual, em vez de comer insetos, teria que beber litros da fonte de doutrinação corporativa e fingir resignação.

Achei que a promessa daquele pote de ouro me manteria na linha. Mas critiquei o CEO em um post impulsivo no Facebook e fui eliminado da ilha após vinte meses. Certo dia, seis anos depois, por curiosidade ociosa, verifiquei o preço das ações da empresa, fiz as contas e descobri, para minha consternação, que, se eu tivesse durado quatro anos e mantido todas as minhas ações, elas agora valeriam US$8 milhões.

Esse foi meu desastre mais oneroso, mas estava longe de ser o único e pior infortúnio que me causei. A certa altura, minha fala compulsiva e a falta de controle de meus impulsos acarretaram uma separação de minha esposa e quase me custaram meu casamento. Então, morando sozinho em uma casa alugada, longe dela e de meus filhos, conduzi o que os membros dos Alcoólicos Anônimos chamam de "minucioso e destemido inventário moral" e reconheci que, de variadas formas, falar demais interferia em minha vida. Iniciei uma busca para encontrar as respostas para duas perguntas: por que algumas pessoas são faladoras compulsivas? E como podemos resolver esse problema?

Essa busca me levou a outra descoberta: todos nós, não apenas os falastrões, podemos nos beneficiar ao falar menos, ouvir mais e nos comunicar com intenção. É um caminho para a felicidade, uma forma de melhorar sua vida imensuravelmente. Tendo começado com a esperança de aprender a evitar calamidades, descobri ideias e desenvolvi práticas que podem melhorar a vida de todos. O problema não sou só eu. Não é só você. O mundo inteiro precisa calar a boca.

SOMOS TODOS FALASTRÕES

O mundo está cheio de falastrões. Você se depara com eles o tempo todo. É aquela praga no escritório que estraga todas as segundas-feiras, contando cada acontecimento banal do fim de semana dela. É aquele babaca sem noção que interrompe a fala de todos em um jantar, enquanto as outras pessoas presentes se imaginam envenenando sua taça de Pinot Noir. É aquele vizinho que aparece sem ser convidado e passa uma hora repetindo suas histórias; é o arrogante sabe-tudo que interrompe colegas em reuniões; é o comediante que solta um insulto racista e arruína sua carreira; é o CEO cujo tuíte imprudente o faz ser acusado de uma fraude relacionada a valores mobiliários.

Para ser honesto, os falastrões também são a maioria de nós.

A culpa não é apenas nossa. Vivemos em um mundo que não só incentiva a fala excessiva, mas praticamente a exige; um mundo em que o sucesso é medido pela quantidade de atenção que conseguimos atrair: obter 1 milhão de seguidores no Twitter, tornar-se um influenciador no Instagram, fazer um vídeo viral, dar uma palestra no TED. Somos inundados com podcasts, YouTube, redes sociais, aplicativos de bate-papo, TV a cabo. Você sabia que existem mais de 2 milhões de podcasts, com 48 milhões de episódios produzidos, e que metade desses receberam menos de 26 downloads? Ou que, todo ano, acontecem mais de 3 mil eventos TEDx, cada um com até vinte aspirantes a Malcolm Gladwell? Ou, ainda, que os norte-americanos compareçam a mais de 1 bilhão de reuniões por ano, mas apenas 11% delas são produtivas, e metade é uma completa perda de tempo? Tuitamos por tuitar, falamos por falar.

No entanto, as pessoas mais poderosas e bem-sucedidas fazem exatamente o oposto. Em vez de buscar atenção, elas se contêm. Quando falam, são cuidadosas com suas palavras. Tim Cook, CEO da Apple, faz pausas estranhas durante as conversas. Jack Dorsey cofundou o Twitter e atuou como seu CEO, mas usa a rede social com moderação. Mesmo Richard Branson, um showman implacável que costuma se autopromover, exalta a virtude de ficar calado em reuniões. Albert Einstein odiava o telefone e o evitava ao máximo[1]. Ruth Bader Ginsburg (RBG), falecida juíza da Suprema Corte, escolhia suas palavras com tanto cuidado e fazia pausas tão longas em sua fala que seus escreventes desenvolveram um hábito que chamaram de "Regra dos Dois Mississípi": termine o que está dizendo e conte "um Mississípi, dois Mississípi" antes de falar novamente. A juíza não estava ignorando ninguém; ela estava apenas pensando... muito... profundamente... em como responder. Um dos conselhos mais famosos de RBG foi: no casamento e no local de trabalho, "às vezes ajuda ser um pouco surdo".

Fale menos, conquiste mais. Este livro é sobre aprender a interagir com o mundo de maneiras vantajosas. Podemos não ser nomeados para a Suprema Corte ou nos tornar bilionários da tecnologia, mas podemos vencer nossas batalhas diárias. Quer comprar um carro ou uma casa nova? Avançar na hierarquia da empresa? Fazer amigos e influenciar pessoas? Aprenda a calar a boca.

Em toda a história da humanidade, nunca houve uma época tão barulhenta, e isso só tende a piorar. Não estamos preparados para essa superestimulação constante, algo que está prejudicando nosso cérebro — literalmente causando danos cerebrais — e sobrecarregando nosso sistema cardiovascular. Somos impulsivos, irritados, um pouco desequilibrados e estamos repletos de cortisol. O processo de recuperação começa ao escaparmos do tornado estrondoso. Melhor ainda, aprendendo o CLBC, podemos melhorar não apenas nossa vida, mas a das pessoas ao redor — filhos, cônjuges, amigos e colegas. No sentido mais amplo, podemos tornar o mundo inteiro um lugar melhor se diminuirmos um pouco o volume.

Por incrível que pareça, isso não é algo muito fácil de fazer.

CINCO MANEIRAS DE CLBC

Calar a boca deveria ser a tarefa mais fácil do mundo. Afinal, você não precisa fazer absolutamente nada, certo? Mas, na verdade, não falar requer muita concentração. Provavelmente, se calar é mais difícil do que falar. Você já visitou um país estrangeiro cujo idioma você conhecia um pouco, mas não o suficiente para que parecesse natural, de modo que, em cada conversa, mesmo as mais banais, seu cérebro se esforçava constantemente para traduzir a língua local para sua língua nativa e vice-versa? No final do dia, você estava exausto. É assim que nos sentimos quando começamos a nos concentrar em como falamos. É extenuante. Para um falastrão como eu, pode ser quase doloroso.

O segredo é começar devagar. Em vez de fazer uma grande mudança, você faz uma série de pequenas alterações. Eu considero o CLBC uma prática diária, como meditação ou ioga. Tal como na meditação, em que nos forçamos a ter consciência de nossa respiração, eu me forço a ter consciência de como estou falando. Baixo meu tom de voz, diminuo minha cadência e faço… longas… pausas.

Minha busca por soluções tem sido um processo de tentativa e erro, e me tornei uma "cobaia". Com base em pesquisas e entrevistas com especialistas, desenvolvi cinco práticas que considero uma espécie de treino. A questão não é fazer todas de uma só vez ou mesmo apenas uma delas por um dia inteiro. Você não passa dezesseis horas por dia na academia, certo? São exercícios. Escolha um e aplique-o durante uma videochamada de trinta minutos, ou quando você estiver no carro com seu cônjuge, ou, ainda, quando estiver sentado à mesa do café da manhã com seu filho adolescente.

Algumas agradarão mais do que outras. Algumas serão consideradas úteis; outras, nem tanto. Tudo bem. Escolha o que funcionar para você.

A seguir, apresento cinco maneiras de CLBC:

> **Quando possível, não diga nada.** Will Rogers, humorista do início do século XX, certa vez afirmou que nunca se deve perder uma boa oportunidade de calar a boca. Você ficaria chocado com a quantidade de boas oportunidades que existem. Finja que palavras são dinheiro e gaste-as com sabedoria. Seja um Dirty Harry, não um Jim Carrey.
>
> **Domine o poder da pausa.** Copie o truque inventado pelos escreventes de RBG, que treinaram para esperar dois segundos antes de falar. Respire fundo. Faça uma pausa. Deixe a outra pessoa processar o que você acabou de dizer. Aprenda a exercer o poder da pausa.
>
> **Abandone as redes sociais.** O primo da fala excessiva é o tuíte excessivo, e é quase impossível não cair na armadilha. Plataformas como Facebook e Twitter são projetadas para

deixá-lo viciado. Se você não consegue abandoná-las completamente, pelo menos diminua seu uso.

Busque o silêncio. O barulho nos deixa doentes. Literalmente. A sobrecarga de informações nos torna constantemente agitados e superestimulados, o que acarreta problemas de saúde e pode até encurtar nossa vida. Desapegue. Desconecte-se. Passe um tempo longe de seu celular. Não fale, não leia, não assista, não escute. Dar um descanso para o cérebro pode impulsionar a criatividade e torná-lo mais saudável e produtivo. Pesquisas sugerem que o silêncio pode, inclusive, estimular o crescimento de células cerebrais[2].

Aprenda a escutar. Ser um ótimo ouvinte é uma habilidade tão importante nos negócios que os CEOs vão a *bootcamps* para aprendê-la. É um trabalho árduo, pois escutar deve ser um esforço ativo, e não passivo. Em vez de apenas *ouvir* alguém, praticar a escuta ativa significa bloquear todo o resto e prestar muita atenção ao que o outro está dizendo. Nada deixa as pessoas mais felizes do que a sensação de serem genuinamente ouvidas e vistas.

OS RESULTADOS SÃO INACREDITÁVEIS

Nem sempre consigo manter essa disciplina, mas, quando o faço, os resultados são mágicos. Eu me sinto mais calmo, menos ansioso e mais no controle, o que me torna menos propenso a falar demais. É um ciclo de feedback positivo. Quanto menos eu falo, menos eu falo.

Melhor ainda, eu vejo o efeito disso sobre as pessoas ao redor. Minha filha adolescente e eu nos sentamos na varanda à noite e temos longas conversas que envolvem muitas risadas. Se você é pai de um adolescente, sabe como isso é milagroso. Ela me conta seus sonhos e o que acha que deseja fazer da vida. Revela seus medos e suas dúvidas. Em vez de tentar resolver seus problemas, eu a escuto. Inevitavelmente, minha filha dá um jeito de resolvê-los sozinha, concluindo que vai ficar bem e que sabe o que precisa fazer. Descobri que ela nunca se sentiu confiante ao tocar Mozart e Haydn no piano e que, prestes a ir a um acampamento de verão, no qual terá que tocar Haydn em um trio, está enlouquecendo. Ela teme não ser capaz de fazê-lo, mas, ao mesmo tempo, prefere tentar e falhar a desistir. Descobri que, às vezes, minha filha tem medo de ir à aula de francês, pois o curso é muito avançado para seu nível, e, provavelmente, ela não tirará a nota máxima, mas aprenderá mais por ter que se esforçar para assimilar o conteúdo. Descobri que não apenas a admiro, ela me inspira.

Aprender o CLBC significa contrariar um mundo que nos encoraja a falar mais, não menos. Neste livro, descrevo maneiras de fazer isso. Explico como esse método pode ser aplicado em casa, no trabalho e em questões amorosas — namoro e relacionamentos. Além de falar menos e se tornar mais poderoso, você aprenderá que ser um ótimo ouvinte pode transformar sua vida.

Meu método CLBC não patenteado é uma prática, não uma cura milagrosa. Não vai ajudá-lo a perder vinte quilos, parecer dez anos mais jovem ou ficar rico sem precisar levantar um dedo. Mas vai ajudá-lo a ser um pouco mais feliz, um pouco mais saudável e bem-sucedido. Você ainda ficará entusiasmado e acabará falando demais. Acontece comigo o tempo todo. Tudo bem. Somos humanos. Cometemos deslizes. Mas, no dia seguinte, faremos melhor.

Espero que você termine de ler este livro e sinta-se inspirado a mudar sua vida — munido de um guia para alcançar esse objetivo.

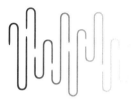 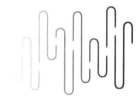

A ESCALA
TALKAHOLIC

Quando me propus a corrigir meu problema de fala excessiva, descobri que pesquisadores de comunicação definiram uma condição chamada "*talkaholism*", ou "vício em falar", uma forma de fala extrema e compulsiva que é, de fato, semelhante a um vício. Eles criaram o questionário a seguir[1] para identificar pessoas que sofrem dessa condição. Responda às dezesseis perguntas e, em seguida, consulte as instruções para calcular sua pontuação. Para confirmar seus resultados, peça a um conhecido para responder as mesmas perguntas sobre você e calcular a pontuação. Cuidado: você pode se surpreender.

A ESCALA *TALKAHOLIC*

INSTRUÇÕES: Este questionário inclui dezesseis afirmações sobre o comportamento de fala. Indique em que grau você acredita que cada uma dessas características se aplica ao seu caso. Na linha antes de cada item, marque: (5) concordo totalmente; (4) concordo; (3) estou indeciso; (2) discordo; ou (1) discordo totalmente. Não há resposta certa ou errada. Não hesite; registre sua primeira impressão.

_____ 1. Muitas vezes, fico calado quando sei que deveria falar.

_____ 2. Às vezes, falo mais do que deveria.

_____ 3. Muitas vezes, falo quando deveria ficar calado.

_____ 4. Às vezes, fico calado quando sei que seria vantajoso falar.

_____ 5. Eu sou um "*talkaholic*".

_____ 6. Às vezes, me sinto compelido a ficar calado.

_____ 7. Em geral, falo mais do que deveria.

_____ 8. Sou um falador compulsivo.

_____ 9. *Não* sou um falador; raramente falo em situações comunicativas.

_____ 10. Várias pessoas já disseram que falo demais.

_____ 11. Não consigo parar de falar demais.

_____ 12. Em geral, falo menos do que deveria.

_____ 13. *Não* sou um "*talkaholic*".

_____ 14. Às vezes, falo quando seria vantajoso ficar calado.

_____ 15. Às vezes, falo menos do que deveria.

_____ 16. *Não* sou um falador compulsivo.

PONTUAÇÃO:
Para determinar sua pontuação, conclua as seguintes etapas:

Etapa 1. Some as pontuações dos itens 2, 3, 5, 7, 8, 10, 11 e 14.

Etapa 2. Some as pontuações dos itens 13 e 16.

Etapa 3. Complete a seguinte fórmula:

Pontuação *Talkaholic* = 12 + (total da Etapa 1) – (total da Etapa 2).

Os itens 1, 4, 6, 9, 12 e 15 são neutros e não são pontuados.

Sua pontuação deve ficar entre 10 e 50.

A maioria das pessoas pontua abaixo de 30.

As pessoas que pontuam entre 30 e 39 são *talkaholics* borderline e conseguem controlar sua fala a maior parte do tempo, mas, às vezes, elas se encontram em situações em que é difícil ficarem caladas, mesmo que seja muito vantajoso.

Pessoas com pontuação acima de 40 são *talkaholics*.

Reimpresso com permissão de Virginia Richmond.

DO QUE FALAMOS QUANDO FALAMOS DE FALA EXCESSIVA

Obtive cinquenta pontos na Escala *Talkaholic*, a maior pontuação possível. Minha esposa, Sasha, me atribuiu os mesmos cinquenta pontos e, provavelmente, gostaria de poder me atribuir mais. Não foi algo inesperado, mas, de acordo com os pesquisadores que desenvolveram o teste, pode ser motivo de preocupação. Eles descreveram o *talkaholism* como um vício semelhante ao etilismo e afirmaram que, embora o dom da palavra possa ajudar um *talkaholic* a avançar em sua carreira, a incapacidade de controlar a fala excessiva, muitas vezes, acarreta contratempos pessoais e profissionais. Isso já aconteceu comigo.

Talkaholics não conseguem simplesmente acordar um dia e optar por falar menos. Sua fala é compulsiva. Eles não falam apenas um pouco mais do que o restante das pessoas, mas muito mais, e fazem isso o tempo todo, em todos os contextos ou situações, mesmo quando percebem que as pessoas acham que eles estão exagerando. E aqui está o soco no estômago:

os *talkaholics* continuam a falar, mesmo quando sabem que o que estão prestes a dizer vai prejudicá-los. Eles simplesmente não conseguem parar.

"Esse sou eu", afirmei a Sasha. "Certo? Condiz totalmente comigo."

"Eu venho dizendo isso há anos", declarou ela.

Estávamos sentados na cozinha. As crianças — gêmeas, um menino e uma menina, de 15 anos — não estavam em casa. Memórias vieram à tona, momentos em que eu deixara escapar algo impróprio em uma festa, envergonhara as crianças ao alugar alguém ou as entretive com uma longa história que eu já havia contado mil vezes. "Danólogos", nós chamávamos assim esse tipo de situação, e todos ríamos e fingíamos que era engraçado — "Você sabe como papai adora falar!" Mas, agora, analisando o resultado do teste, não tive vontade de rir. Eu me senti envergonhado. E preocupado.

Eu não sabia como ou onde obter ajuda, mas decidi procurar os dois pesquisadores que criaram a Escala *Talkaholic*, imaginando que pudessem me aconselhar. Virginia Richmond e James C. McCroskey eram um casal que havia lecionado na Universidade de West Virginia. McCroskey, uma espécie de lenda nos estudos de comunicação, morreu em 2012, mas Richmond, que é aposentada, vive em uma pequena cidade nos arredores de Charleston, em West Virginia.

Os dois se interessaram em estudar essa condição por um simples motivo: "Meu marido era um *talkaholic*", contou-me Richmond. Eles eram um casal incomum. Ele era descontraído e sociável, enquanto ela era, e ainda é, bastante tímida — ou "comunicativamente apreensiva", como afirmam os pesquisadores. "Queríamos descobrir por que alguns falam tanto e outros, pouco. Havia uma vasta literatura sobre pessoas que não falam muito, mas a pesquisa sobre aquelas no extremo oposto, os faladores compulsivos, era escassa." Alguns pesquisadores acreditavam que não existia isso de fala excessiva e que, ao afirmarmos que alguém fala demais, na verdade queremos dizer que essa pessoa expressa palavras inoportunas. Richmond e McCroskey insistiram que essa constatação era ridícula, pois, de fato, existem pessoas que falam demais. "Nós as conhecíamos", afirmou Richmond. Além disso, segundo o casal de pesquisadores, havia algumas pessoas que não eram apenas faladoras, mas faladoras compulsivas, uma condição semelhante a um vício. "É por isso que inventamos o termo *talkaholics*", explicou Richmond.

O casal criou a Escala *Talkaholic* para conferir se os *talkaholics* poderiam ser identificados. Se assim fosse, os dois conseguiriam desenvolver maneiras de ajudá-los. "Achávamos que não haveria muitos", disse Richmond. Porém, quando aplicaram o teste em oitocentos estudantes da Universidade de West Virginia, eles descobriram que 5% se classificavam como *talkaholics* — curiosamente, quase a mesma porcentagem de etilistas na população em geral.

Expliquei a Richmond que eu a havia contatado devido à minha pontuação máxima na Escala *Talkaholic*, que acarretara uma busca pela causa e pela solução da fala compulsiva. Richmond tinha más notícias. Primeiro, ela e o marido nunca haviam descoberto a causa do *talkaholism*. Pior, embora tivessem encontrado maneiras de ajudar as pessoas comunicativamente apreensivas, eles concluíram que os faladores compulsivos eram um caso perdido. "Costumávamos brincar que é impossível controlar um bom *talkaholic*", disse ela, rindo. "Não há remédio. Não há cura."

No entanto, Richmond afirmou que a pesquisa dela e do marido completara trinta anos. Desde então, outras pessoas têm perscrutado o assunto. Segundo ela, o melhor estudo é de Michael Beatty, um professor que já trabalhou com o casal e, agora, leciona na Universidade de Miami. Aparentemente, Beatty desenvolveu um interesse em *talkaholism* pela mesma razão que McCroskey: "Ele é o maior *talkaholic* que já conheci", revelou Richmond. "Pode contar a ele que eu falei isso. Ele não vai ficar ofendido."

Beatty é um pouco excêntrico. Não tem um smartphone nem um computador pessoal. Para contatá-lo, é preciso enviar uma mensagem para seu e-mail universitário e esperar que ele vá ao escritório verificar sua caixa de entrada, sem prazo para resposta. Minha conversa com Richmond me deixou um pouco desanimado, mas continuei esperançoso de que Beatty pudesse oferecer alguma ajuda ou conselho. Então, certo dia, escrevi um e-mail para ele, apertei "Enviar" e aguardei.

A VIDA DESGOVERNADA DE UM *TALKAHOLIC*

Por muito tempo, me iludi, acreditando que eu era apenas um cara sociável e extrovertido que apreciava ótimas conversas. Conversava com qualquer um: motoristas de Uber, estranhos em teleféricos e, segundo Sasha, "cada garçom e garçonete que você já conheceu". Mas acabei percebendo que eu tinha um problema, pois, mesmo quando tentava falar menos, não conseguia. Eu temia eventos sociais. Os churrascos do bairro e as festas de aniversário eram excruciantes. Era como sair pulando em um campo minado. Eu tentava interagir, pensando o tempo todo: *Não fale demais, não fale demais, não fale demais.* Mas, mesmo quando me preparava, às vezes, eu me via saindo dos trilhos, monologando como Hamlet sob o efeito de metanfetamina.

Em determinado momento, em desespero, recorri a uma abordagem radical e comecei a tomar Ativan, um remédio para tratar a ansiedade. Eu chegava às festas em um maravilhoso torpor de benzodiazepínico e, discretamente, escapulia para algum canto onde pudesse me distrair e assistir à TV ou ler meu *feed* do Twitter até a hora de ir para casa. Os vizinhos pensavam que eu era mal-educado ou estranho — ou, como alguém disse à minha esposa, "Dan é um pouco... maluco, né?" Do meu ponto de vista, eu estava lhes fazendo um favor ao me entorpecer para não irritá-los com minha fala excessiva.

O incrível é que, mesmo com o benzodiazepínico, às vezes, eu falava demais ou dizia algo constrangedor ou estúpido. Assim que saíamos de uma festa, eu perguntava a Sasha: "Falei muito?" Quase sempre, a resposta era sim.

À medida que me conscientizava de meu problema, eu o reconhecia em outras pessoas. Havia essa nossa vizinha, uma orientadora educacional animada e barulhenta que dominava uma conversa como ninguém. (Ao contrário dos outros vizinhos, eu a adorava.) Havia o consultor de gestão sabe-tudo que apreciava o som da própria voz retumbante. Havia o cientista que não tinha um pingo de paciência e que pagou um preço alto por isso. Havia o solitário consultor financeiro aposentado que aparecia na hora do jantar, sentava-se no balcão da cozinha e iniciava um monólogo sobre os últimos acontecimentos no S&P 500. Havia o artista que me ligava e me mantinha no telefone por uma hora ou mais, contando as mesmas histórias repetidas vezes. (Como um amigo que tínhamos em comum disse: "Você não conversa com ele; você apenas escuta.") E havia minha sogra, uma falante não nativa de inglês que nos metralhava com erros de gramática, frases cortadas e pronomes soltos, sem nunca tirar o dedo do gatilho; às vezes, literalmente, tínhamos que gritar para interrompê-la.

Nós, falastrões, parecemos atrair uns aos outros, provavelmente porque somos os únicos capazes de nos aturar. Em qualquer situação, somos rápidos em reconhecer nossa espécie, como fazem os vampiros e os serial killers. Às vezes, dois de nós se escondem em um canto e tagarelam por horas, nunca ficando sem assunto — cedendo ao vício, interrompendo um ao outro, deleitando-se com a alegria de papear com alguém compreensivo, em um ambiente onde não há julgamento ou punição. É nosso espaço seguro. Puro êxtase.

Por sua vez, os caladões nos enlouquecem. Eles nos irritam tanto quanto os irritamos. Nosso sentimento com relação a eles é o mesmo que seu cachorro tem quando você não arremessa a bola para ele buscar. *Qual é, cara! Vamos!*

Uma característica comum aos faladores compulsivos é que, mais cedo ou mais tarde, a maioria de nós acaba se ferrando. Não há como escapar. Tony Soprano disse que, em seu ramo de trabalho, os caras tinham apenas duas saídas: a morte ou a prisão. De maneira semelhante, os falastrões sabem que, um dia, suas palavras os prejudicarão. Alguns se tornam grandes empreendedores, mas muitos se tornam fracassados em série, com uma vida repleta de fiascos, desastres e catástrofes.

Tenho um amigo de longa data que é muito inteligente, formado em uma das universidades da Ivy League, mas cuja fala compulsiva lhe custou empregos, pois (a) ele não resistia e dizia aos colegas que os achava idiotas; e (b) esses colegas geralmente não apreciavam sua franqueza. "Eu surto", ele dizia. "Em alguma reunião estúpida, fico pensando: *Por que estou aqui?* Em seguida, eu me descontrolo e digo que todos são idiotas, mesmo sabendo que seria melhor ficar calado. Eu sempre falo o que não devo, e o pior é que tenho consciência disso mesmo enquanto estou falando. E, então, imediatamente me arrependo. Mas, nesse ponto, não tem mais como voltar atrás."

Os falastrões são universalmente odiados. Considere as palavras usadas para nos descrever: *bocudos*, *matracas*, *mexeriqueiros*, *papagaios*, *linguarudos*. Dizemos que essas pessoas têm "diarreia verbal" ou "falam muita bost*". No Reino Unido e na Irlanda, eles chamam os falastrões de "gobshite" (uma junção de *gob*, "boca", e *shite*, "merd*") ou de "shitehawk", uma referência à excreta das aves. Na Itália, eles dizem que alguém assim *attacca un bottone* — ou seja, fala tanto que dá tempo de pregar um botão — ou *mi ha attaccato un pippone* — que se traduz aproximadamente como fazer algo nojento no ouvido de outrem. Os italianos podem chamar um falastrão de *trombone*, o que soa muito bem com sotaque italiano, ou de *quaquaraquà*, uma gíria onomatopeica siciliana para alguém que fala muito, mas é um idiota. No Brasil, dizem que alguém assim *fala mais que o homem da cobra*. Na Espanha, essa pessoa é um *bocachancla*, "boca de chinelo"; e, na província espanhola da Catalunha, um *bocamoll*, "boca solta". Na Alemanha, os falastrões são chamados de *Plappermäuler*, uma junção de *plapper*, "tagarelar", e *maul*, um termo grosseiro que descreve a boca de um animal. Os russos, sempre uma ótima referência para a forma mais indecente de dizer qualquer coisa, chamam os falastrões de *pizdaboly*, um termo desagradável que combina *pizda*, uma palavra extremamente obscena para genitália feminina, e *bol*, a raiz do verbo "esvoaçar". Eca.

Os japoneses, que valorizam o silêncio e não suportam pessoas barulhentas, têm um provérbio: "Se o pássaro não tivesse cantado, não teria sido alvejado." Na Índia, eles contam uma história infantil sobre uma *batuni kachua* (tartaruga falante) cuja tagarelice leva à própria ruína. Quando uma seca atinge e afeta o lago, dois gansos se oferecem para acompanhá-la até outro lago. Os gansos carregam uma vara entre eles, à qual a tartaruga se agarra pela boca. Claro, ela não consegue resistir ao desejo de falar e, assim que abre a boca, solta-se da vara e cai no chão, onde é esmagada por algumas pedras e/ou comida por moradores.

É assim que as pessoas veem os falastrões. Elas fantasiam nossa morte.

SEIS TIPOS DE FALASTRÕES

Após conversar com Richmond, eu me aprofundei na pesquisa sobre o assunto e descobri que existem diferentes tipos de fala excessiva[1]. Há o *discurso hiperverbal*, no qual se interrompe as pessoas sem conseguir evitar (seu cérebro é acelerado, e você fala a mil por hora); o *discurso desorganizado*, no qual se pula de um assunto aleatório para outro, e a *fala excessiva situacional*, que praticamente todos já experimentaram em algum momento. Tenho certeza de que, se você perscrutar o passado, geralmente com certo incômodo, encontrará situações em que deveria ter falado menos. Você já deixou escapar algo que magoou alguém? Contou uma piada ofensiva? Da última vez que comprou um carro, quando o vendedor parou de falar, e um silêncio constrangedor se instaurou, você se apressou para preencher o vazio? Aposto que sim — e que isso lhe custou dinheiro. Talvez você tenha falado demais em uma ligação de vendas e perdido o negócio — e sua comissão foi junto. Talvez tenha interrompido alguém em uma reunião, e sua chefe, do outro lado da mesa, ficou com uma má impressão de você. Ela pode nem ter percebido essa mudança de sentimento, mas, oito meses depois, a promoção que você esperava foi para outra pessoa.

Assim como existem diferentes tipos de fala excessiva, existem diferentes tipos de falastrões. Eu os distribui em seis categorias:

- *Narcisistas conversacionais* são os caras sabichões que falam alto (sim, quase sempre são caras), interrompem as pessoas e dominam as conversas, pois acreditam piamente que suas ideias são melhores do que as dos outros, mesmo quando não fazem ideia do que estão falando. O Vale do Silício, onde passei grande parte de minha carreira, está repleto de caras (sempre são caras) que fizeram uma fortuna em software e, agora, sabem de tudo. Mudanças climáticas? Cirurgia cardíaca? O Homem Bitcoin tem mais conhecimento do que os especialistas.

- *Faladores ansiosos* lutam contra a ansiedade social e falam demais para se acalmar.

- *Ruminadores* pensam em voz alta — basicamente falam sozinhos — e irritam todos ao redor.

- *Faladores impulsivos* têm um raciocínio rápido e são extremamente verbais, mas carecem de um filtro.

- *Tagarelas* falam bobagens, repetem as mesmas histórias e continuam mesmo quando você tenta interrompê-los. Eles parecem um carro desenfreado em uma descida.

- *Talkaholics*, os infratores mais extremos, são compulsivos e autodestrutivos.

Na última década, os pesquisadores começaram a entender as causas da fala excessiva, algumas psicológicas e outras biológicas. Alguns falastrões são apenas extrovertidos; é o seu tipo de personalidade. Às vezes, a fala excessiva é causada pela ansiedade social. (Geralmente é o caso de faladores impulsivos, tagarelas e faladores ansiosos.) Mas a excessiva e compulsiva — o tipo que faz um *talkaholic* — pode indicar problemas psicológicos mais profundos, como o transtorno de personalidade narcisista. O chamado discurso verborrágico — alto, acelerado e incontrolável — pode ser causado pela hipomania, um sintoma de bipolaridade tipo 2, a forma mais branda do transtorno[2]. A fala excessiva também pode indicar transtorno de déficit de atenção com hiperatividade (TDAH).

Se você obtevé uma pontuação alta na Escala *Talkaholic*, considere consultar um profissional para fazer uma avaliação. A boa notícia é que, atualmente, transtornos como TDAH e bipolaridade tipo 2 podem ser tratados com medicamentos e terapia. Os medicamentos não promovem a cura, mas podem conter a agitação em seu cérebro para que você resolva seus problemas na terapia. De qualquer forma, falastrões *adoram* terapia.

Eu ainda estava vasculhando inúmeros trabalhos de pesquisa, sem encontrar boas respostas, quando, certo dia, verifiquei meus e-mails e tive uma surpresa. Michael Beatty, da Universidade de Miami, tinha me respondido, dizendo que adoraria conversar e que, de fato, após muitos anos e vários experimentos, ele havia descoberto a causa do *talkaholism*.

OS ESTÍMULOS VÊM DO CÉREBRO

"É biologia", disse Beatty quando conversamos ao telefone. "É fruto da natureza, não da criação. Isso começa a se desenvolver antes do nascimento."

Há vinte anos, Beatty foi pioneiro em uma área chamada "comunibiologia", que estuda a comunicação como um fenômeno biológico. Em vez de ministrar cursos de jornalismo e palestras, algo típico de um departamento de comunicação universitário, ele colaborou com neurocientistas, realizando EEG nos participantes do estudo para medir suas ondas cerebrais e colocando-os em máquinas de fMRI para ver seus cérebros acenderem conforme olhavam fotos ou ouviam áudios.

Muitos pesquisadores de comunicação pensavam que aquilo era um beco sem saída, mas Beatty tinha certeza de que estava certo. "Para mim, seria estranho se a maneira como nos comunicamos *não* estivesse relacionada ao cérebro", disse. "Nós apenas não sabíamos como estava." Em 2011, Beatty e seus colegas da Universidade de Miami descobriram que a loquacidade é determinada por desequilíbrios das ondas cerebrais. Especificamente, trata-se do equilíbrio entre a atividade neuronal nos lobos esquerdo e direito na região anterior do córtex pré-frontal[3]. Idealmente, eles devem ter aproximadamente a mesma quantidade de atividade neuronal quando uma pessoa está em repouso. Se houver uma assimetria — se um lado acender mais do que o outro —, você acaba sendo um falante acima da média ou abaixo da média. Se o lado esquerdo é mais ativo do que o direito, você é tímido. Se o direito é mais ativo, você é falador. Quanto maior o desequilíbrio, maior a pontuação no espectro da loquacidade. O lado direito de um *talkaholic* dispara enquanto o lado esquerdo mal pisca.

"Trata-se do controle de impulsos", explicou Beatty. Desequilíbrios no córtex anterior também estão relacionados à agressão e à "capacidade de avaliar como um plano pode se desenrolar e quais serão as consequências". A atividade extrema do lado direito "é frequente no homicídio conjugal", disse ele.

Eu não mencionei isso à minha esposa.

A falta do controle de impulsos no caso de uma pessoa que tem o lado direito mais ativo costuma se manifestar no local de trabalho. "Se sou um CEO, e meu lado direito é dominante, não serei educado com um funcionário que diz coisas estúpidas em uma reunião. Vou ficar com raiva e mandá-lo calar a boca", afirmou Beatty.

Infelizmente, revelou ele, um *talkaholic* nunca deixará de ser um *talkaholic*. Afinal, não se pode reprogramar o cérebro ou reequilibrar os neurônios. "Não é uma verdade absoluta, mas há pouquíssima chance de mudar quem você é", declarou Beatty.

SI SE PUEDE CLBC

Por quatro décadas, Joe Biden foi o campeão de "tiro no pé" nas campanhas — os jornais o coroaram Rei das Gafes. Mas, de alguma forma, em 2020, ele desenvolveu a disciplina para calar a boca. Biden mantinha sua voz baixa, e suas respostas, breves. Fazia uma pausa antes de falar. Quando os repórteres apareciam, ele respondia a apenas algumas perguntas, dava explicações comedidas e ia embora.

A história de Biden me deu esperança. Imaginei que, se ele era capaz de aprender o CLBC, eu também seria. Eu não tinha o sonho de concorrer a cargos públicos, mas tinha muita motivação. Queria ser um melhor cônjuge, pai e amigo. Queria não temer eventos sociais. Pode não existir cura para o *talkaholism*, mas também não há cura para o etilismo, e alguns etilistas desenvolvem a disciplina para parar de beber.

Eu não tinha condições de pagar um coach de fala. E não encontrei nenhum curso online que me ensinasse o CLBC. Então, após conversar com Beatty, eu me virei sozinho, entrevistando dezenas de pessoas que, de uma forma ou de outra, são especialistas em discurso: historiadores, cientistas sociais, cientistas políticos, professores de comunicação, coaches executivos, psicólogos. Experienciei a silvoterapia nos Berkshires com um guia. Fiz um curso online de escuta e recebi dicas de um professor da área. Uma psicóloga na Califórnia compartilhou comigo as técnicas que ela ensina aos prisioneiros para ajudá-los a calar a boca durante as audiências de liberdade condicional — métodos que me ajudariam, com sorte, a me libertar da prisão metafórica que a fala excessiva havia construído ao redor.

Munido de teoria, conselhos e exercícios, desenvolvi minhas "Cinco maneiras de CLBC" e comecei a praticá-las, como se fossem um treino diário. Abandonei quase totalmente as redes sociais. Passei a me adaptar a silêncios desconfortáveis. Antes de pegar o telefone ou fazer uma videochamada, respirava fundo para desacelerar, usando o monitor de frequência cardíaca do Apple Watch para acompanhar meu progresso. Durante o telefonema, eu baixava o tom de minha voz e diminuía minha cadência. Fazia perguntas abertas aos meus filhos e os deixava falar. Oficialmente, era uma "conversa", mas, na verdade, eu estava apenas escutando.

Colei uma folha na parede acima da tela de meu computador com as seguintes advertências escritas em fonte grande: "SILÊNCIO! ESCUTE! RESPOSTAS BREVES! DIRETO AO PONTO!" Uma de minhas amigas falastronas colou um recado em seu notebook que diz: "Deus, me ajude a manter a boca fechada." Antes das reuniões, eu fazia questão de refletir sobre o propósito da chamada: o que precisava transmitir e o que precisava aprender. Escrevia as conclusões em um bloco de notas e seguia os tópicos de discussão.

Gradualmente, passei a adquirir mais disciplina e, ao fazer isso, algo extraordinário aconteceu: comecei a me sentir melhor, tanto emocional quanto fisicamente. Eu me sentia mais feliz. Era mais gentil com as pessoas. Elas pareciam mais simpáticas. A vida parecia mais fácil.

Então, percebi que o CLBC não é útil apenas para evitar calamidades ou pechinchar o preço de um carro. Na verdade, o CLBC é um tipo de terapia.

O CICLO DA ANSIEDADE

A ansiedade é a trilha sonora de nossa era. O índice já estava aumentando nos EUA antes da Covid-19, principalmente entre os jovens, e então disparou durante o lockdown. Em 2019, de acordo com a Associação Americana de Psiquiatria[4], dois terços dos norte-americanos afirmaram estar extremamente ou um pouco ansiosos. Um em cada cinco adultos norte-americanos sofre de um transtorno de ansiedade[5].

Falamos demais para nos distrair da ansiedade ou aliviá-la. Mas, na verdade, a fala excessiva piora a situação. Quanto mais você fala, mais ansioso fica. É um círculo vicioso, que chamo de Ciclo da Ansiedade.

O mesmo acontece nas redes sociais. Usamos plataformas como Facebook, Instagram, TikTok e Twitter como mecanismos para nos acalmar. Ao nos sentirmos ansiosos, abrimos um aplicativo e começamos a rolar a página, na esperança de afastar a ansiedade. Mas, reitero, acontece o oposto. Na tentativa de mitigar a ansiedade, você apenas a aumenta. É o Ciclo da Ansiedade.

Se resistir à tentação de falar e se forçar a não pegar o celular, é possível reverter o Ciclo da Ansiedade. Sentar-se em silêncio parece horrível no início, mas, aos poucos, o desconforto diminui. Os médicos descobriram que, para algumas pessoas, abandonar as redes sociais tem o mesmo efeito que tomar um antidepressivo.

CLBC COMO TRANSFORMAÇÃO PESSOAL

Nosso jeito de falar reflete quem somos. É como nos definimos e moldamos a percepção dos outros. Como descrever alguém? Em que se baseia a avaliação? Geralmente, você define a personalidade alheia detalhando o jeito que a pessoa fala. Rápido ou devagar? Baixo ou alto? Muito ou pouco? Nosso discurso revela ao mundo nossa personalidade. De certa forma, nosso jeito de falar *é* nossa personalidade. Se mudá-lo, você, de fato, está se mudando a si mesmo.

Falar é como respirar. Você não pensa; apenas faz. Prestar atenção em seu *jeito* de falar o faz refletir sobre o *motivo* de falar desse jeito. Você se força a ter consciência de algo que geralmente acontece inconscientemente. É o tipo de empenho aplicado na meditação ou na psicoterapia — voltar sua atenção para dentro; se envolver em autorreflexão e autoanálise; descobrir quem você é.

O CLBC não é apenas um treino. É também um processo psicológico, uma prática ativa e dinâmica. Qualquer atividade que exija esforço, foco, prática e disciplina mental pode transformar e definir você. Para algumas pessoas, as artes marciais têm essa função; para outras, é o piano, o xadrez, a jardinagem, a culinária.

Eu era remador. É um esporte que requer uma combinação de força física e mental, e a parte mental pode ser a mais importante. O remo exige concentração total a cada segundo — manter o barco equilibrado, focar o movimento das mãos, sentir a tração do remo na água, cronometrar o impulso e a recuperação. É repetitivo. Você faz a mesma coisa várias vezes, tentando alcançar a rara perfeição a cada remada. Uma ou duas horas na água todos os dias se torna tanto uma meditação quanto um treino. É uma atividade que define você. É por isso que os praticantes desse esporte às vezes afirmam: "Eu remo", mas geralmente preferem: "Sou remador."

No início, eu só queria evitar calamidades e parar de aborrecer as pessoas. Mas acabei adentrando uma jornada de autodescoberta. O CLBC tornou-se um caminho para a mudança e a transformação pessoal.

CLBCD: CALE A BOCA E DESLIGUE

Mais do que nunca, a internet tem nos dado várias maneiras de falar — então nós as usamos. Quantos aplicativos de comunicação você tem no celular? Quantas caixas de entrada verifica? Provavelmente, você tem e-mail profissional, e-mail pessoal e mensagens de texto. Talvez também tenha Slack, Facebook, Twitter, Instagram, LinkedIn, WhatsApp, Telegram ou Signal — e esses são apenas os mais populares.

Falamos com a TV e o controle remoto. Conversamos com as engenhocas na sala de estar, com as lâmpadas e os termostatos, com os relógios, com os bots, com o painel do carro — e algumas dessas coisas nos respondem. Tagarelamos ao telefone em lugares que antes eram santuários de silêncio: no carro, na floresta. Ofegamos ao conversar enquanto estamos correndo ou malhando na academia. Pegamos o celular em cinemas, concertos, funerais: nenhum lugar é sagrado. Os piores humanos se envolvem em um Falatório Insensato: matraqueiam ao telefone em lugares públicos (trens, restaurantes, cafeterias) enquanto todos ao redor se irritam. Dois terços de nós usam o celular no banheiro, ao passo que 20% levam o aparelho para o chuveiro, e 10% o verificam durante o sexo[1].

Quando não estamos falando, estamos consumindo — uma enxurrada de informações que é, sobretudo, apenas um barulho disfarçado de conteúdo. Em 2022, a Netflix lançou 87 filmes[2], 40 séries[3] e alguns especiais. São cerca de 600 horas de vídeo, e a plataforma de streaming gastou US$17 bilhões para produzir tudo[4]. Temos, também, Apple TV+, Amazon Prime Video, Disney Plus, HBO, Hulu, Starz etc., além dos antigos estúdios de cinema e redes de TV, que produzem *sitcoms*, comédias românticas e filmes de super-heróis nos quais, a cada semana, o mundo enfrenta uma nova ameaça de extinção antes de ser salvo por alguém de roupa justa.

Em 2022, havia 817 mil títulos exclusivos disponíveis nos serviços de streaming, e isso, de acordo com a Nielsen[5], "provocou uma crescente confusão". Quase metade das pessoas se sente sobrecarregada por tantas escolhas, constatou a empresa. Mas continuamos consumindo. De fevereiro de 2021 a fevereiro de 2022, os norte-americanos assistiram a 169,4 bilhões de minutos de conteúdo de streaming a *cada semana*, um aumento de 18% em relação ao ano anterior. Ao todo, os norte-americanos consumiram em 2021 o equivalente a 15 milhões de anos em vídeos. Uma pesquisa concluiu que o norte-americano médio assistiu a 290 filmes e programas de TV em 2022 — o equivalente a 437 horas[6], ou 18 dias completos. Em 2020, gastamos 4 vezes mais em serviços de streaming do que em 2015[7].

Estamos cercados por poluição sonora, imersos em uma cacofonia incessante. Nenhum espaço fechado está livre de música — é a lei, aparentemente. Os níveis sonoros em restaurantes e aulas de *spinning* passam dos 100 decibéis[8]. Isso é tão alto quanto uma britadeira[9]. O problema não é apenas o volume; é não existir escapatória. Há alguns anos, descobriu-se que os EUA torturaram prisioneiros em Abu Ghraib e na Baía de Guantánamo ao repetir a mesma música no último volume, incluindo a da abertura de *Barney*[10]. Se você tem filhos, entende por que essa é uma tortura eficaz. Agora, restaurantes, shoppings, lojas de departamento e até hospitais estão seguindo esse exemplo, e isso traz prejuízos. Todo estudo sobre escritórios abertos constata que o barulho afeta a capacidade de pensar e produzir. Músicas de Natal contínuas são um tormento tão grande que trabalhadores de varejo na Áustria entraram em greve para forçar seus empregadores a parar de tocá-las[11]. "As pessoas se sentem ineficientes", afirmou Nigel Rodgers, um britânico rabugento que fundou o Pipedown, um grupo cujos membros levaram varejistas e restaurantes no Reino Unido a banir a música ambiente. "Você vai ao médico, e ele diz que sua pressão arterial está alta, então você responde: 'Bem, não estava quando cheguei aqui, a culpa é daquela música horrível tocando na sala de espera.'"

Passamos a vida grudados em telas: smartphones, tablets, notebooks, TVs. Os proprietários de carros Tesla podem jogar videogames e assistir a filmes na tela do painel porque… por que não? Colocamos telas em elevadores, equipamentos de ginástica, geladeiras, bombas de gasolina, nas paredes em frente aos mictórios. As estações de esqui colocam displays digitais em teleféricos e tocam música alta em gôndolas, afinal, por que admirar em silêncio as majestosas montanhas cobertas de neve quando podemos curtir o som do Metallica? O Google desenvolveu óculos para disparar informações em nossos globos oculares, o que falhou, mas há rumores de que a Apple está trabalhando em um produto semelhante, que provavelmente terá sucesso, pois será descolado e extremamente caro — atrativos para os fiéis da marca. A Meta, empresa-mãe do Facebook, vende óculos de realidade virtual que prendem a tela diretamente ao rosto e está criando um mundo imaginário chamado metaverso, onde vamos metatrabalhar, metacomprar, metamorar, metatransar e metaenlouquecer. Se Mark Zuckerberg alcançar seu objetivo, podemos passar mais tempo online do que no mundo real.

Não precisamos apenas do CLBC. Precisamos do CLBCD (cale a boca e desligue).

CONHECEMOS O INIMIGO: SOMOS NÓS

O melhor da internet é que ela tornou possível, fácil e barato para qualquer um criar qualquer coisa e compartilhá-la online. O ruim é que pessoas demais aproveitaram essa oportunidade. Existem mais de 600 milhões de blogs, com 29 milhões de novos posts todos os dias[12]. Existem 2 milhões de podcasts, 4 vezes mais do que em 2018[13], e, na maioria das vezes, ninguém os ouve. Milhares de pessoas gastam milhões (ao todo) para participar de conferências planejadas por organizações como a Global Speakers Federation e a National Speakers Association, nas quais você se senta em um auditório escuro e ouve palestrantes discorrerem sobre a arte de falar em público para pessoas que sonham em ser palestrantes. Por quê? Graças ao TED e a seu enteado infernal TEDx, a cada ano, dezenas de milhares de supostos coaches de vida, líderes de pensamento e intelectuais públicos sobem em um palco usando um microfone de cabeça ridículo e informam o restante de nós que, se conseguíssemos nos esforçar mais, operacionalizar nossos valores, escrever a própria história, buscar conexões significativas e fazer do estresse nosso aliado, poderíamos encontrar a felicidade. Eu prefiro a morte. A cada minuto, 500 horas de novos conteúdos audiovisuais são enviadas para o YouTube[14]. Nos mesmos 60 segundos, cerca de 1,8 milhão de Snaps são criados; 700 mil stories são postados no Instagram[15]; quase 600 mil tuítes são publicados; e 150 mil mensagens do Slack são enviadas[16]. A cada minuto, as pessoas assistem a 167 milhões de vídeos do TikTok; 4,1 milhões de vídeos do YouTube; 70 mil horas de conteúdo da Netflix e ouvem 40 mil horas de música no Spotify[17].

A. Cada. Minuto.

Em *Inside*, um especial que Bo Burnham filmou em sua casa durante o lockdown da Covid-19, o comediante questiona: "É necessário que cada pessoa neste planeta expresse cada uma de suas opiniões sobre cada acontecimento, todas ao mesmo tempo? É necessário? Ou, para perguntar de outra forma, alguém consegue calar a boca? Alguém consegue calar a boca sobre qualquer coisa por… uma hora? Isso é possível?"[18]

A explosão cambriana de conteúdo começou no início dos anos 2000, quando a internet se tornou rápida o bastante para ser útil. Mas isso realmente decolou na década de 2010, quando o smartphone surgiu, permitindo-nos carregar infinitas formas de distração em nossos bolsos e permanecer conectados o tempo todo. Na época da conexão discada, costumávamos falar "entrar na internet". Agora, a internet está em nós. Nós a carregamos em nosso corpo. Ela é onipresente, e, por isso, o trabalho exige que estejamos sempre disponíveis, enviando e-mails e recebendo notificações do Slack. Em um dia útil comum, o Slack acumula mais de 1 bilhão de minutos de uso[19]. Embora tenha se originado como uma tábua de salvação para os trabalhadores, principalmente os remotos, a plataforma, muitas vezes, possibilita que aquelas pragas irritantes que costumavam atrapalhar nossa produtividade no escritório façam o mesmo no mundo virtual.

O norte-americano médio usa dez aplicativos por dia, trinta aplicativos por mês e verifica seu smartphone a cada doze minutos. Viciados em internet verificam seus celulares a cada quatro minutos. Um em cada cinco millennials abre um aplicativo *mais de cinquenta vezes por dia*. Em 2010, os norte-americanos usavam seus smartphones, em média, por 24 minutos diariamente. Em 2021, esse tempo aumentou — 4 horas e 23 minutos por dia[20]. O TikTok tem mais de 1 bilhão de usuários, e, de acordo com uma empresa de pesquisa, o usuário médio passa 850 minutos *por mês* no aplicativo[21].

Somos tão ávidos por conteúdo que aceleramos a reprodução de podcasts e dos vídeos do YouTube para terminá-los mais rapidamente. E não satisfeitos, olhamos então para várias telas ao mesmo tempo. Maratonamos *Ted Lasso* enquanto percorremos o Twitter, o TikTok e o Instagram em nossos iPhones e verificamos e-mails em nossos notebooks. Cerca de 90% das pessoas[22] olham para um segundo dispositivo enquanto assistem à TV. Por quê? Porque nós podemos.

O problema é que não podemos. Nosso cérebro é péssimo no quesito multitarefa. Tentar fazer várias coisas ao mesmo tempo nos torna mais burros — literalmente. Um estudo constatou que a multitarefa reduziu o QI das pessoas ao nível de uma criança de 8 anos ou de alguém que fumou maconha a noite toda. É só escolher[23]. Pesquisadores identificaram a chamada "amnésia digital", uma incapacidade de acumular memórias de longo prazo. Em uma pesquisa, 40% dos participantes[24] não conseguiam se lembrar do número de telefone de seus filhos ou daquele de seu local de trabalho.

Enquanto isso, o conteúdo que consumimos fica cada vez mais curto, o que prejudica nossa capacidade de manter o foco. Em 2015, uma equipe de pesquisa da Microsoft fez uma descoberta chocante: desde 2000, o tempo médio de atenção humana caiu de doze para oito segundos[25], menor do que o de um peixe-dourado. Isso foi *antes* do TikTok nos bombardear com vídeos de quinze segundos enquanto olhamos para nossos celulares, boquiabertos e hipnotizados. Agora, nosso tempo de atenção deve ter caído para… quanto? Quatro segundos? Isso ainda nos coloca à frente das moscas-das-frutas, que têm um tempo de atenção de menos de um segundo, mas acabaremos seguindo o mesmo caminho.

LIXO NA VELOCIDADE DA LUZ

O problema não é apenas a quantidade de conteúdo com o qual somos alvejados, mas também o fato de que grande parte dele é puro lixo digital. A chamada (segunda) Era de Ouro da Televisão começou em 1999 com o programa *Os Sopranos*, seguido por *Mad Men*, *Breaking Bad* e *Game of Thrones*. Você pode discutir — as pessoas fazem isso —, argumentando que essa era de ouro terminou, está fracassando ou continua forte. Mas não há dúvidas de que, para cada bom programa, há cinquenta horríveis, e logo haverá cem. Estamos cercados por um oceano de resíduos tóxicos, e o nível do mar está subindo.

Jake Paul parece uma metralhadora desgovernada... e tem 20 milhões de inscritos no YouTube. A Dra. Sandra Lee inunda nossas telas com cravos e vulcões de pus... e seu programa de TV já passou de sete temporadas. Johnny Knoxville fez cinco filmes *Jackass*, que basicamente consistem em imbecis inventando novas maneiras de esmagar as bolas uns dos outros... e esses longas arrecadaram mais de US$500 milhões em bilheteria. Quanto mais barulhenta a situação fica, mais ultrajante, ofensivo e detestável você deve ser para se destacar. O resultado é um mundo que se tornou uma mistura de *Jerry Springer* e *Idiocracia*, um filme sobre um futuro distópico onde os seres humanos se transformaram em idiotas e o programa de TV mais popular é *Ow! My Balls!*, que é sobre... bem, já dá para imaginar.

Se *há* alguma civilização alienígena nos rastreando a um zilhão de anos-luz de distância, ela provavelmente teve esperanças quando nos viu criar uma rede que conectava todos no planeta. Ótima notícia! Um enorme salto evolutivo! Mas, vinte anos depois, percebendo como usamos esse maravilhoso avanço tecnológico, os alienígenas estão prontos para nos eliminar: *PewDiePie? Alex Jones? Ok, pode desativar a antena parabólica.*

MÁQUINAS INTELIGENTES QUE EMBURRECEM HUMANOS

Há vinte anos, muitos acreditavam, ingenuamente, que a internet inauguraria uma era de prosperidade utópica: "Imagine mais vinte anos de pleno emprego... e padrões de vida melhores", previu o fundador da *Wired* em 1999[26]. Mas, então, algumas empresas gigantes monopolizaram a internet e transformaram a tecnologia em uma arma contra nós. Temos vivenciado mudanças tecnológicas mais radicais nos últimos vinte anos do que no século anterior como um todo, e nosso cérebro não consegue evoluir rápido o bastante para acompanhá-las. Fomos sobrepujados e sobrecarregados pelas máquinas.

Embora seja praticamente imperceptível, estamos cercados por uma inteligência digital que supera amplamente a humana. O TikTok é um aplicativo idiota, cheio de idiotas fazendo coisas idiotas que transformam outras pessoas em idiotas. Mas esse aplicativo idiota é alimentado por uma inteligência sofisticada quase inimaginável. Seu código alimentado por IA induz o vício de forma tão eficaz que Facebook, Instagram, Snapchat e Twitter estão se esforçando desesperadamente para fazer sua engenharia reversa.

Na última década, a IA se infiltrou entre nós e, agora, alimenta tudo, do mercado de ações aos supermercados, dos envios às compras. Somos contratados e demitidos por máquinas. Somos monitorados, medidos e gerenciados por algoritmos. Os estúdios de Hollywood usam a IA para decidir quais filmes produzir. Os anunciantes usam ferramentas com essa tecnologia para descobrir o que é mais eficaz em anúncios online: cachorrinhos se saem melhor do que gatinhos. Fotos de médicos e bicicletas geram maior engajamento. As recomendações que você recebe na Netflix, na Amazon e no Spotify e os anúncios que vê no Facebook são escolhidos por algoritmos de IA, que coletam milhares de dados e os filtram em milissegundos para descobrir quais palavras e imagens farão seu pequeno cérebro primata querer apertar o botão "Comprar". No início, usávamos os computadores. Agora, os computadores nos usam.

Somos submetidos a pressões e estressores diferentes de tudo o que os humanos já vivenciaram, coisas que nem sequer imaginaríamos há uma geração. Pense no tanto que seu eu de 2000 ficaria chocado e deprimido se ele visse como você está agora. Como um ex-executivo do Facebook revelou ao Congresso dos Estados Unidos, os algoritmos usados pelo Facebook e outros "literalmente reprogramaram nosso cérebro"[27].

MENOS HUMANO DO QUE O HUMANO

Não é apenas o fato de que a tecnologia mudou; *nós* mudamos. Nosso cérebro fervilha com a estática. Não conseguimos focar, lembrar, aprender, pensar. Buscamos notícias ruins na internet, explodimos de raiva no Twitter, maratonamos séries, postamos coisas insensatas e fazemos transmissões ao vivo. Somos adeptos do *phubbing* — esnobar as pessoas sentadas à nossa frente ao ficar no celular em vez de conversar com elas. Em vez de assistir a nossos filhos jogando futebol ou cantando desafinadamente na escola, nós seguramos nossos celulares e os gravamos. A pessoa média tira mais de 450 selfies por ano[28]; ou seja, 25 mil ao longo da vida. Discutimos com bots, acreditando que são pessoas. *Fotografamos nosso prato de comida.*

Seduzidos e confundidos por tecnologias que não entendemos, nós acabamos nos prejudicando em esquemas Ponzi. Os investidores de criptomoedas usam dinheiro real para comprar dinheiro falso e, depois, perdem quase tudo. Os compradores de NFTs (tokens não fungíveis) gastaram centenas de milhares, até milhões, de dólares em desenhos de "macacos entediados" *que podem ser copiados de graça* e que só servem para nos lembrar que alguns ricos também são muito estúpidos. Em 2021, um investidor rico, mas não muito experiente, pagou US$2,9 milhões por um NFT do primeiro tuíte de Jack Dorsey, o cofundador do Twitter. Meses depois, quando tentou vendê-lo, ele esperava conseguir US$48 milhões, mas o lance mais alto foi de US$280[29]. Quem poderia imaginar?

A internet está nos deixando não apenas burros, mas furiosos. Isso porque, quando se trata de criar engajamento, a raiva é eficaz. Posts raivosos[30] são mais compartilhados do que os felizes. Expressões faciais de confusão, raiva, medo e nojo obtêm mais visualizações[31] do que imagens de pessoas sorrindo. Então, é esse caminho que as pessoas seguem. E isso afeta nossa vida no mundo real. Nas pesquisas, a maioria dos norte-americanos afirma que eles e todos ao redor estão mais irritados do que no passado[32]. Há tanta raiva que agora começamos a ter raiva de toda essa raiva. Acreditávamos que a internet revelaria o melhor de nós, mas ela revelou o pior. Acreditávamos que a internet nos uniria, mas ela nos dividiu.

Lembra quando as pessoas diziam, online, coisas que jamais diriam na sua cara? Agora elas perderam o pudor. As Karens* estão surtando e exigindo falar com o gerente. Os machões conservadores brigam em restaurantes. Os teóricos da conspiração invadem reuniões do conselho escolar para gritar que desejam *liberdade*. O movimento *woke*** reclama de microagressões; os microagressores reclamam dos adeptos do movimento. O que costumava ser chamado de raiva no trânsito agora é raiva em qualquer lugar. Os comissários de bordo estão levando, na boca, socos de passageiros. Em 2021, a Administração Federal de Aviação investigou mais de 1.000 incidentes envolvendo passageiros indisciplinados, 5 vezes mais do que em qualquer ano anterior[33]. Em algumas cidades norte-americanas, as taxas de homicídio aumentaram[34].

Talvez seja divertido ver Karens e Kens perderem a paciência no Walmart ou assistir aos adeptos do QAnon se reunindo na Dealey Plaza para aguardar a chegada de JFK Jr. Mas não é tão divertido quando um exército de lunáticos invade o Capitólio dos EUA na esperança de linchar o vice-presidente, nem quando um número significativo de norte-americanos acredita que a eleição de 2020 foi fraudada por alienígenas que hackearam a contagem de votos com canhões a laser em Marte, nem quando centenas de milhares morrem devido às pessoas que não se vacinaram, pois foram convencidas de que as vacinas são mais perigosas do que a própria Covid-19 e contêm dispositivos de rastreamento criados por Bill Gates[35].

Em parte, a loucura começa pelo fato de que nos tornamos pessoas diferentes quando estamos online. Até quando usamos nosso nome ver-

---

*   O nome Karen, assim como Ken, tornou-se referência a um tipo específico de pessoa branca de classe média que se aproveita de seus privilégios para prejudicar outras pessoas. (N. da T.)

**   Termo político de origem afro-americana que se refere à percepção e à consciência das questões relativas à justiça social e racial. (N. da T.)

dadeiro e acreditamos que somos a mesma pessoa, não somos. O seu eu online é diferente do seu eu no mundo real. E muitos de nós temos várias personas online, metamorfoseando-nos conforme mudamos de plataforma ou ambiente, criando uma nova identidade em cada uma. Somos transformados em atores, interpretando um elenco de personagens, pavoneando e afligindo-nos em nossos momentos sobre o palco digital do Discord, Facebook, Instagram, TikTok e Twitter, significando quase nada.

As redes sociais acarretam uma forma leve de transtorno dissociativo de identidade, a condição que costumava ser chamada de dupla personalidade e que foi tema de filmes assustadores como *Psicose* e *Sybil*. Uma alemã desenvolveu esse transtorno[36] após passar dois anos interpretando diversos papéis em jogos online. Os psiquiatras descobriram que viciados em internet, muitas vezes, apresentam sintomas dissociativos[37]. Estamos experienciando transtornos mentais em escala social, impulsionados por uma enxurrada de informações. O mundo inteiro precisa do CLBCD.

A CRISE DO CORTISOL

O cortisol e a adrenalina são hormônios do estresse associados à resposta de luta ou fuga, a reação fisiológica automática que salva você de ameaças, como ser atacado por um tigre ou surpreendido por um assaltante. Quando liberados na corrente sanguínea, esses hormônios interrompem tudo o que não está relacionado à sobrevivência e elevam a pressão arterial, a frequência cardíaca e a glicemia.

Em pequenas descargas, o cortisol e a adrenalina são benéficos. Não sobreviveríamos sem os dois. Mas a exposição crônica a eles é prejudicial. Estar online, especialmente no celular, acarreta uma forma leve, mas persistente, de estresse que faz com que seu corpo produza cortisol o tempo todo. Usar o celular deixa você estressado, mas *não* usá-lo, também, pois você fica se perguntando se há novas notificações.

Então, ao decidir pegar seu celular, você descobre que seu chefe chato encontrou uma nova forma de ser chato e que, nesse meio-tempo, algum desconhecido o ofendeu no Twitter. Bam! As comportas de cortisol se abrem. Você não fica tão agitado quanto ficaria se um tigre saltasse dos arbustos, no entanto, uma dose baixa desse hormônio liberada constantemente acaba sendo pior do que um pico enorme, mas de curta duração. Viver com níveis cronicamente elevados de cortisol traz prejuízos: obesidade, diabetes tipo 2, ataques cardíacos, doença de Alzheimer[38]. Ele causa ansiedade e depressão. Por que você acha que o uso de antidepressivos e as taxas de suicídio aumentaram nos últimos vinte anos?

"A exposição de longo prazo a grandes doses de cortisol vai matá-lo... mas lentamente"[39], explica o endocrinologista Robert Lustig em *The Hacking of the American Mind: The Science Behind the Corporate Takeover of Our Bodies and Brains*. O cortisol "piora o funcionamento cognitivo"[40] e interfere na parte do cérebro que lida com o autocontrole e a tomada de decisões, o lobo que "nos impede de fazer coisas estúpidas", disse Lustig ao *New York Times*.

O cortisol pode causar danos cerebrais físicos[41] — os médicos conseguem ver as alterações em uma ressonância magnética. Ele destrói a memória e dificulta a manutenção do foco. "Seu QI despenca. Sua criatividade, seu senso de humor — tudo isso desaparece. Você se torna estúpido"[42], afirmou à *Wired* o psiquiatra Edward Hallowell, autor de *Tendência à Distração* e *Sem Tempo Pra Nada*. Então, você se vê esparramado no sofá, assistindo a remoções de cravos e espinhas.

DESATIVE, DESCONECTE-SE

A Netflix não vai fazer menos filmes. Facebook, Google e Twitter não vão se conter. As autoridades reguladoras impõem multas, mas isso não faz diferença. Os membros do Congresso dos Estados Unidos não têm conhecimento básico sobre a internet; eles mal sabem como as gigantes da tecnologia ganham dinheiro. "Senador, publicamos anúncios", explicou Zuckerberg a Orrin Hatch, senador pelo estado de Utah, como se estivesse falando com uma criança. As pessoas que não sabem diferenciar o Twitter do TikTok são incapazes de criar leis para controlar os algoritmos de IA.

Então, depende de nós. Não podemos mudar o mundo, mas podemos nos proteger dele. Em um nível individual, trata-se de manter a sanidade. Em um nível coletivo, trata-se de salvar a civilização. Há indícios, embora pequenos, de que algumas pessoas podem estar seguindo esse conselho. Em 2022, o Facebook começou a perder usuários e relatou um declínio de receita inédito[43]. No primeiro semestre de 2022, a Netflix perdeu assinantes pela primeira vez em sua história[44].

Ninguém vai parar de usar a internet ou cancelar todas as assinaturas de streaming, nem deveria, pois, de inúmeras formas, a internet melhorou nossa vida imensamente, e a Netflix e outros serviços similares produzem ótimos programas. Mas podemos treinar a nós mesmos e os outros para consumir menos conteúdo e usar a internet de maneiras menos prejudiciais — frear o Ciclo da Ansiedade e aprender o CLBCD.

Ian Bogost, professor de estudos de mídia, propõe limitar o número de pessoas com quem nos conectamos online. Ele cita o trabalho do psicólogo britânico Robin Dunbar, que postulou que há um limite biológico para o número de pessoas com quem conseguimos ter uma conexão significativa: cerca de 150. Quanto às conexões realmente íntimas, o máximo é quinze. E há uma relação inversa entre quantidade e qualidade: quanto mais conexões, piores elas são.

Bogost afirma que os números de Dunbar se aplicam à internet, assim como à vida real. Antes da internet, a maioria de nós falava menos e com menos pessoas. Mas, agora, ela nos permite agir em "megaescala", fazendo milhares ou mesmo milhões de conexões superficiais. Por esse motivo, nós nos desatrelamos da realidade e caminhamos para o desastre. "Viver em meio ao crescente lixo produzido pela megaescala é insustentável"[45], escreveu Bogost para a *Atlantic* em 2022, em um artigo intitulado "People Aren't Meant to Talk This Much".

O argumento de Bogost resume-se à noção de que todos precisam do CLBC: "Já passou da hora de questionar uma premissa fundamental da vida online: e se as pessoas *não* pudessem falar tanto, para tantas outras, com tanta frequência? Não seria melhor se houvesse menos postagens, com menos frequência e para um público menor?"

Sim, seria melhor. Mas como atingir esse objetivo? Bogost sugere que as empresas de internet reformulem os espaços online para limitar o número de pessoas com quem podemos nos conectar. É uma boa ideia, mas, como já atuei em uma empresa de mídia social, posso garantir que isso nunca acontecerá. Ninguém com quem trabalhei, nem mesmo uma única pessoa, cogitaria restringir os usuários. Todas as conversas giravam em torno de atrair mais pessoas para a plataforma e mantê-las ali por mais tempo, roubando-as das concorrentes.

O objetivo é o crescimento. Sempre. Crescimento a todo custo. As empresas de mídia social não contratam milhares de moderadores para rastrear e eliminar conteúdo ofensivo por se preocuparem com a segurança. Elas fazem isso porque esse tipo de conteúdo afasta os usuários. Não estão protegendo você, mas, sim, os negócios.

COMO APRENDER O CLBCD

Nossos telefones são dispositivos da síndrome de FOMO, um jeito de garantir que nunca fiquemos de fora. É significativo que a primeira palavra na sigla em inglês seja *fear*, ou seja, *medo*. Seguramos o celular como uma garantia de conforto, esperando que ele nos acalme, quando ironicamente faz o oposto. Os telefones são dispositivos de inquietação, pequenas máquinas de medo movidas a bateria.

Também é significativo que a sigla *FOMO* nem sequer existia antes dos smartphones. Na era pré-smartphone, ficávamos de fora o tempo todo. E isso não nos assustava. Quando nos sentíamos tristes, amedrontados ou ansiosos, comprávamos coisas: sapatos, carros, barcos, mais sapatos, casas. Faça sua escolha. A cultura do consumo é impulsionada pela crença de que, se comprarmos o bastante, podemos preencher algum vazio existencial. É claro que nada preenche esse abismo de desespero e carência. Mas, em vez de desistir, continuamos recorrendo à terapia de varejo.

Agora, tentamos aliviar a ansiedade consumindo não apenas coisas inúteis e desnecessárias, mas também informações inúteis e desnecessárias. Nós nos sobrecarregamos, fazendo três coisas ao mesmo tempo, com o dobro da velocidade, até nosso cérebro transbordar. O barulho nos distrai e nos ajuda a evitar o confronto com situações que quase nos matam de medo — como a própria morte. Está preocupado com o trabalho? Deprimido por causa de um término de relacionamento? Sentindo-se entediado, ansioso, inquieto, nervoso? Abstraia e assista ao TikTok.

Ironicamente, muitos recorrem ao TikTok para auxiliar a saúde mental — mesmo que ele a prejudique. Assim como esbanjar em sapatos ou carros, devorar informações não resolve seus problemas; apenas os piora. O Ciclo da Ansiedade continua.

Todo mundo quer ser feliz. No entanto, nós nos comportamos de maneiras que, comprovadamente, deixam-nos infelizes. Falamos sobre a internet e o excesso de informações como se fôssemos indefesos, como se fossem algo que nos acomete, e não uma escolha que fazemos. Mas o consumo é uma escolha, e podemos parar de fazê-la.

Assim como os estádios de futebol ou o Midtown Manhattan, a internet jamais será um lugar silencioso. O barulho nunca desaparecerá. Mas nós podemos calar a boca e desligar. Em prol da nossa saúde física e do nosso bem-estar psicológico, devemos fazer isso.

3

CLBC NAS REDES SOCIAIS

Eu abandonei o Facebook primeiro, pois era onde perdia mais tempo e obtinha menos benefícios. Em vez de parar definitivamente, deletei os aplicativos dele e do Messenger de meu celular. Se eu quisesse entrar no Facebook, teria que usar um navegador, o que dificultava o acesso para rolar o feed e comentar distraidamente. Por uma semana, sofri com a abstinência. Depois, o aplicativo já não me atraía. Não excluí minha conta. A cada poucos meses, confiro se alguém me enviou uma mensagem. Apenas isso. Nunca posto nada. Nunca.

Em seguida, fiz o mesmo com o Instagram, um abandono fácil, e o TikTok, que exigiu certa força de vontade, pois é basicamente fentanil em um celular. Simplesmente excluí os aplicativos e me esforcei para suportar a primeira semana de abstinência, após a qual, assim como no caso do Facebook, o desejo desapareceu.

Mantive minha conta do LinkedIn, pois ela me ajuda profissionalmente. Também permaneci no Twitter, pois é um bom filtro de notícias, mas entrei no modo somente leitura, forçando-me a calar a boca e nunca tuitar, curtir ou compartilhar. Curiosamente, notei que o Twitter se torna muito menos atrativo quando você fica calado e não pode usá-lo para alimentar seu desejo narcisista de dar um show. Isso revela algo sobre mim, mas também sobre o aplicativo e sua função — bem como sobre as pessoas que publicam a maioria dos tuítes.

Liberto de uma prisão criada por mim mesmo, comecei a reverter o Ciclo da Ansiedade, transformando um círculo vicioso em um círculo virtuoso. Durante anos, a fala excessiva me afetou tanto online quanto na vida real, e talvez até mais no mundo virtual. Eu postava fotos no Facebook e comentava em todas as publicações dos meus amigos. Acessava o Twitter várias vezes por dia e raramente saía sem postar, comentar ou retuitar. Eu criava threads. Juntava-me a turbas virtuais. Criticava e era criticado. Zombava de políticos idiotas. Trocava insultos.

Ao me afastar de toda essa baboseira, consegui recuperar as horas desperdiçadas diariamente, porém, o mais importante foi a sensação de alívio. O tuíte excessivo é o primo da fala excessiva e é tão prejudicial quanto ela. Durante anos, me senti pressionado a ter algo inteligente, espirituoso ou perspicaz a dizer. Mas, estranhamente, quando a pressão desapareceu, eu não conseguia entender por que havia adquirido essa compulsão. O mundo não estava ansioso para ouvir o que eu tinha a dizer. O universo não desejava ou precisava de meus pensamentos e minhas opiniões. Ninguém se importou quando parei de tuitar. Ninguém nem percebeu. Claro, fiquei com o ego ferido. Mas foi um pequeno aborrecimento em comparação ao enorme bem-estar que senti. O efeito de se afastar das redes sociais não é sutil; é profundo.

Você pode pular alguns dos outros exercícios que desenvolvi em minhas Cinco Maneiras de CLBC. Não gosta de meditação? Tudo bem. Mas afastar-se das redes sociais não é opcional. É obrigatório. Você não precisa parar definitivamente, mas deve reduzir o uso.

Nas redes sociais, aplique as mesmas regras que você segue ao falar. Seja disciplinado. Tenha cautela. Comunique-se com intenção. Elabore um plano. Escute mais. Abandone o hábito de falar por falar. É difícil fazer isso em uma conversa comum, mas, online, é ainda mais, pois você está enfrentando empresas de tecnologia determinadas a instigar e manter a fala excessiva — para transformá-lo em um *tweetaholic*.

Se você não diminuir o uso das redes sociais, nunca aprenderá o CLBC.

É IMPOSSÍVEL PARAR

Certo dia, em 2013, Tristan Harris, cientista da computação do Google, teve uma epifania: a empresa estava prejudicando o mundo. Assim como o Facebook, o Instagram e outras empresas de mídia social. Esses aplicativos sociais tinham o potencial de afetar as pessoas, especialmente as crianças. Cientistas da computação usavam técnicas psicológicas para deixar as pessoas viciadas em seus aplicativos. Basicamente, um bando de jovens brancos da tecnologia, muitos deles graduados na Stanford, assim como Harris, conduziam experimentos em seres humanos, muitas vezes com resultados calamitosos.

Harris se espelhou em Jerry Maguire: compartilhou uma apresentação de 141 slides, criticando a empresa e exortando seus colegas a reformularem os produtos para torná-los menos viciantes, menos distrativos e, na terminologia do Google, menos malignos. A apresentação viralizou dentro da empresa. As pessoas adoraram. Harris passou do anonimato à fama. Até mesmo Larry Page, cofundador e CEO do Google, ouviu falar dele.

O Google promoveu Harris a um novo cargo — "eticista de design" — e parecia ter levado sua mensagem a sério. Mas Harris era muito ingênuo. A empresa nunca tornaria os produtos menos viciantes. Seu modelo de negócios dependia de eles se tornarem *mais* viciantes. Quanto mais tempo as pessoas despendem em produtos do Google, mais dinheiro a empresa ganha.

Por fim, Harris deixou o Google e criou uma organização sem fins lucrativos, o Center for Humane Technology, para mudar o setor de mídia social, que, segundo ele, causa a "degradação humana". Ele fez discursos e, inclusive, testemunhou perante o Congresso dos Estados Unidos. Em 2020, estrelou O *Dilema das Redes*, um documentário da Netflix que apresenta uma crítica às redes sociais e mostra alguns ex-executivos do Facebook, YouTube, Pinterest e Twitter arrependidos de seus pecados. Lançado durante o início do lockdown, em que as pessoas maratonavam séries e estavam obcecadas pelas redes sociais, *O Dilema das Redes* foi visto 38 milhões de vezes em seu primeiro mês, tornando-se um dos documentários mais assistidos da Netflix. Harris conseguiu divulgar sua mensagem. Todos começaram a falar sobre os perigos das redes sociais.

E, então, nada mudou.

O TikTok ganhou meio bilhão de usuários. Facebook[1], Instagram[2] e Snapchat[3] totalizaram 400 milhões. No início de 2022, o mundo estava gastando 10 bilhões de horas[4] — o equivalente a 1,2 milhão de anos — nas redes sociais todos os dias.

Ninguém quer abandonar as redes sociais, mesmo quando sabe que são nocivas e farão com que se sinta pior após usá-las. Sim, elas são viciantes nesse nível. Um estudo constatou que as pessoas se arrependem de 40% de seus acessos às redes sociais, considerando-os uma perda de tempo, e que, 60% das vezes[5], elas se arrependem de pelo menos parte de um acesso. Ainda assim, continuamos acessando. Karl Marx disse que a religião era o "ópio do povo". Hoje, são o TikTok e o Instagram.

"Os cigarros saíram de moda. As redes sociais estão em alta. Elas são a droga do século XXI", declarou certa vez o escritor britânico Simon Sinek. De fato, descobriu-se que as redes sociais são ainda mais viciantes do que os cigarros[6]. E as empresas de mídia social se assemelham às grandes empresas de tabaco — comercializam um produto nocivo, focam os jovens e acobertam pesquisas científicas que podem prejudicar seus negócios.

Intencionalmente, empresas como o Facebook fazem você adentrar um ciclo de agitação e o transformam em um falastrão. Seu modelo de negócios depende disso. Elas ganham dinheiro vendendo anúncios; quanto mais anúncios lhe mostram, mais ricas ficam. Isso significa que precisam mantê-lo em seu site pelo maior tempo possível. Elas usam técnicas desenvolvidas há quase um século por B. F. Skinner, o psicólogo que descobriu que recompensas intermitentes faziam ratos de laboratório se esforçarem ainda mais para obtê-las.

Não foi nenhuma novidade perceber que o mesmo truque funciona em humanos. Os cassinos aplicam essa técnica em máquinas caça-níqueis. Não se ganha sempre, mas, de vez em quando, as sirenes tocam, e as luzes piscam; assim, você continua jogando para ser recompensado e logo estoura seu cartão de crédito e gasta a poupança da faculdade de seu filho. Os videogames fazem a mesma coisa ao usar efeitos visuais e sonoros para criar a chamada *imersão*.

Os cursos de ciência da computação ensinam aos alunos como codificar técnicas viciantes em software e criar interfaces de usuário que mantenham as pessoas presas a um aplicativo. As grandes empresas de mídia social turbinaram essa estratégia, usando algoritmos de software de inteligência artificial que coletam trilhões de pontos de dados sobre o usuário e os conectam a supercomputadores para filtrá-los em milissegundos.

A Meta, empresa-mãe do Facebook, está construindo o supercomputador mais poderoso do mundo. Ela opera 18 *data centers*[7] que ocupam cerca de 3,8 milhões de metros quadrados. Imagine duzentos Walmarts com racks de computadores empilhados até o teto[8]. Esse cérebro digital multibilionário rastreia tudo o que você faz: cada rolagem e pressionamento de tecla; cada curtida, comentário e compartilhamento; cada pausa para olhar uma imagem ou ler comentários em um post; e cada segundo ou milissegundo de intervalo. O TikTok administra um sistema de IA ainda mais eficaz do que o do Facebook. Seu objetivo é impedir que o usuário saia do aplicativo, ou pelo menos manter o acesso constante. É por isso que tudo é contabilizado — curtidas, compartilhamentos, seguidores — e há notificações nos aplicativos. Às vezes, você pega seu celular e não encontra nada. Mas, outras, vê uma notificação. Essa recompensa intermitente faz com que você continue voltando a ele, assim como os ratos à procura de alimento na caixa de Skinner. Uma pesquisa constatou que as pessoas verificavam seus celulares 344 vezes por dia[9] — 1 vez a cada 4 minutos.

DESCONTROLE DE RAIVA

Fazer você falar é a melhor forma de mantê-lo em um aplicativo — não apenas ler o feed, mas postar, tuitar, compartilhar, curtir, comentar. E a melhor forma de fazer você falar é deixá-lo com raiva. O cérebro digital descobre que tipo de conteúdo provoca irritação e direciona-o para seu feed. As empresas de mídia social moderam o conteúdo e filtram muitas coisas horríveis. Mas alguns conteúdos ruins — discurso de ódio, teorias da conspiração, desinformação — impulsionam o engajamento. "Esse material é o combustível do negócio", disse Roger McNamee, um dos primeiros investidores do Facebook que, mais tarde, tornou-se crítico da empresa por acreditar que ela era perigosa. Os sistemas de IA que alimentam aplicativos sociais "sabem como você se comporta sob estresse. Eles descobrem quem você é quando ninguém está olhando. Isso gera um lucro enorme", afirmou McNamee.

Os usuários que desejam aumentar seus números rapidamente percebem que comentários irritados ou explosivos trazem mais recompensas[10] — compartilhamentos, comentários, curtidas — e continuam a reproduzi-los. Ao analisar 1,2 milhão de tuítes de 7 mil usuários[11], pesquisadores da Yale constataram que as publicações se tornam mais furiosas e extremas ao longo do tempo, e a indignação moral aumenta. "As recompensas das redes sociais criam ciclos de feedback positivo que exacerbam a indignação"[12], disse Molly Crockett, neurocientista que liderou o estudo. Mais significativo, os pesquisadores de Yale descobriram que esses usuários também começam a postar com mais frequência. Eles se transformam em falastrões, percorrendo o mundo virtual em busca de conflitos.

A indignação online repercute no mundo real. Pesquisadores constataram que as pessoas que esbravejam online tendem a ficar mais irritadas na vida pessoal[13]. A raiva experimentada online permanece quando você se desconecta[14].

DOPAMINA E DEPRESSÃO

Essas pequenas recompensas recebidas em um aplicativo social provocam explosões de dopamina, hormônio da felicidade que é produzido no cérebro e atua como neurotransmissor. Mas ela faz você adentrar uma montanha-russa. Cada vez que seu cérebro a produz[15], ele simultaneamente tenta contrabalancear, restaurando o equilíbrio ao desativar alguns receptores de dopamina — neutralizando o prazer com a dor, de acordo com Anna Lembke, psiquiatra da Stanford e autora de *Nação Dopamina: Por que o excesso de prazer está nos deixando infelizes e o que podemos fazer para mudar*.

À medida que a dopamina diminui, você sente o impacto e quer outra dose. Então, volta ao Instagram. Em algum momento, você desenvolverá tolerância a esse hormônio; precisará dele apenas para se sentir normal. Se tentar parar, terá sintomas de abstinência como os da heroína. Assim, continuará buscando mais. Mas esse ciclo acarreta uma espiral de ansiedade e depressão, as principais causas da fala excessiva.

Quanto mais atenção você recebe, mais atenção deseja. Nunca é o suficiente. Quem não quer fugir do desespero silencioso e ser o centro das atenções? Até Elon Musk, a pessoa mais rica do mundo, que já vive sob os holofotes, quer ainda mais. Viciado na bajulação que recebe no Twitter, ele passa seu tempo postando baboseiras e trollando na plataforma, dando um show para seu público de mais de 90 milhões de seguidores.

Na verdade, o desejo por atenção é uma busca por aspectos mais profundos: conexão, validação, aceitação, popularidade, senso de pertencimento. De certa forma, estamos à procura de amor — seja de amigos, estranhos e até mesmo bots. Podemos encontrá-lo ou não, e ele pode ser real ou não, mas, em nossa busca, fazemos exatamente o que os cientistas da computação do outro lado da tela esperam: falamos. E falamos. E falamos um pouco mais.

Lembke costumava prescrever antidepressivos para pacientes que sofriam de dependência das redes sociais, mas descobriu que poderia obter o mesmo benefício prescrevendo um "jejum de dopamina", o que significa se afastar das telas e interromper o suprimento desse hormônio por até um mês. Lembke também sugere reservar um dia da semana que seja totalmente livre de telas.

Basicamente, ela prescreve uma grande dose de CLBC.

Os benefícios são quase imediatos. Pergunte a qualquer criança que tenha ido a um acampamento ou uma viagem escolar em que os smartphones são proibidos. "Foi fantástico. Eu me senti ótimo. Fiquei muito mais feliz", afirmou meu filho ao descrever uma excursão de duas semanas à Costa Rica, durante a qual todas as crianças tiveram que largar os celulares e conversar umas com as outras. Elas adoraram. Ficaram contentes, mostraram-se sociáveis e se divertiram muito. Mas, assim que chegaram ao aeroporto para voltar para casa e recuperaram os celulares, o companheirismo desapareceu. As mesmas crianças que passaram duas semanas fazendo amizades se fecharam imediatamente em suas bolhas. "Todos mudamos. De repente, começamos a ficar irritados", revelou meu filho.

SOZINHO DE NOVO, ESTRANHAMENTE

Além da ansiedade e da depressão, o uso excessivo das redes sociais causa uma sensação de isolamento e solidão[16]. É irônico, pois essas plataformas deveriam unir as pessoas e ajudá-las a criar conexões. Mas, no fim das contas, as redes sociais acabam não sendo tão sociais. "Sozinhos juntos" é como Sherry Turkle, socióloga do MIT, descreve o fenômeno. Estamos constantemente conectados, mas sozinhos. Turkle teme que estejamos destruindo nossa capacidade de sentir empatia e ter conversas genuínas, e ela recomenda que criemos "espaços sagrados"[17] nos quais guardemos os celulares e conversemos cara a cara. O simples fato de manter um celular em cima da mesa faz com que as pessoas compartilhem menos umas com as outras[18], explica ela.

Conversas significativas são cruciais para o bem-estar emocional e físico. Mas, em uma pesquisa, quase metade das pessoas declarou que a interação online atrapalha suas conversas profundas na vida real. De acordo com Emma Walker[19], da LifeSearch, corretora de seguros do Reino Unido que conduziu esse estudo, "a vida online está se revelando uma barreira para o tradicional 'profundo e significativo', ou seja, não estamos chegando à raiz das questões mais importantes."

Em outra pesquisa, 70% das mulheres[20] relataram que as ferramentas tecnológicas reduziram o tempo de suas conversas reais e interferiram em seus relacionamentos. Um estudo de 2021 constatou[21] que o Instagram teve efeitos adversos nas relações amorosas, contribuindo para "um aumento dos conflitos e das consequências negativas". De acordo com outra pesquisa de 2021, quase 60% das pessoas[22] disseram que as redes sociais prejudicaram seus relacionamentos com familiares e amigos.

Um elemento essencial das conversas significativas é a capacidade de escutar, mas "as redes sociais nos ensinaram a falar em vez de ouvir"[23], afirmou Kalev Leetaru, membro sênior do Centro de Segurança Cibernética e Nacional da Universidade George Washington. "As redes sociais não cumpriram a parte mais importante de sua promessa: a nossa união. Em vez de criar um lugar onde pudéssemos nos reunir e conversar na praça pública global, acabamos em uma enorme batalha de gladiadores com megafones, em que triunfa o mais barulhento e mais tóxico." As redes sociais trazem à tona nosso narcisista interior: pesquisadores dizem que, em conversas reais, as pessoas falam de si mesmas 60% do tempo, mas, no Facebook e no Twitter, isso acontece 80% do tempo.[24]

Em seu livro *Dez Argumentos Para Você Deletar Agora Suas Redes Sociais*, o cientista da computação Jaron Lanier, um antissocial ferrenho, argumenta que não há maneira segura de usar as redes sociais e que a única solução é abandoná-las completamente. Mas a maioria de nós não vai fazer isso. Nem deveríamos, pois estaríamos desistindo das vantagens significativas que elas nos trazem — fazer novos amigos, manter contato, compartilhar histórias e apoiar uns aos outros. Algumas pesquisas constataram que o Instagram prejudica adolescentes, mas outros estudos descobriram que mais de 80% dos jovens afirmam que as redes sociais os fazem se sentir mais conectados aos amigos, e quase 70% declaram[25] que as pessoas nas plataformas de mídia social os apoiaram em momentos difíceis ou desafiadores.

As redes sociais se tornaram uma tábua de salvação durante o lockdown da Covid-19, uma forma de as pessoas amenizarem a solidão e a depressão ao manterem contato quando não podiam se encontrar pessoalmente. Para cada estudo que mostra que as redes sociais prejudicam as conexões da vida real, há outros que revelam que elas facilitam o contato com a família e os amigos, além de até melhorarem os relacionamentos e aproximarem as pessoas[26]. Essa mistura de vantagens e desvantagens torna ainda mais difícil encontrar o equilíbrio ideal e descobrir quando aplicar o CLBC.

ARREPENDIMENTOS, TENHO ALGUNS

Em junho de 2022, jornalistas do *Washington Post* envergonharam o jornal e a si mesmos ao criar uma confusão no Twitter. O repórter David Weigel retuitou uma piada sexista, depois a excluiu e pediu desculpas. Isso não foi o bastante, afirmou sua colega Felicia Sonmez, exigindo que o *Post* tomasse uma atitude. O jornal suspendeu Weigel. Um frenesi se seguiu, com multidões se atacando de ambos os lados, transformando um Ciclo da Ansiedade em um Tornado da Ansiedade. A situação piorou quando um terceiro jornalista do *Post* tuitou que Sonmez não deveria ter mobilizado a internet contra um colega. O editor-executivo do jornal escreveu um e-mail para a equipe (que, é claro, vazou no Twitter) basicamente dizendo: "Crianças, parem de brigar!" Funcionários começaram a tuitar sobre o quanto adoravam o *Post*. Sonmez continuou criticando o jornal e foi demitida. O *Post* parecia um jardim de infância descontrolado. O restante do mundo se sentiu como Puck em *Sonho de Uma Noite de Verão*, maravilhado com a tolice desses mortais. "Há algum adulto no *Washington Post*?"[27], divertiu-se um comentarista.

Não houve vencedores — exceto o Twitter, que ganha dinheiro com explosões de raiva. Então, sugiro uma reflexão: e se o Twitter não existisse, e essas pessoas precisassem resolver o conflito em particular? Não teria sido melhor para todas elas e todos nós? Como Sonmez descobriu, o problema do Twitter é que você sempre está a apenas 280 caracteres de perder seu emprego. Passe tempo suficiente na twitteresfera e, em algum momento, você entrará em apuros. Segundo uma pesquisa da YouGov America, mais da metade dos norte-americanos diz ter publicado algo de que se arrependeu mais tarde[28], e 16% (1 em cada 6)[29] afirmam que se arrependem, pelo menos 1 vez por semana, de 1 post.

Em 2011, pesquisadores da Universidade Carnegie Mellon conduziram um estudo chamado "I Regretted the Minute I Pressed Share", que revelou histórias surpreendentes de pessoas destruindo a própria vida no Facebook, às vezes por postarem com raiva, mas, outras, ao postarem sem querer, incluindo uma mulher que publicou um vídeo dos primeiros passos de seu bebê e, junto, um vídeo dela e do marido fazendo sexo. Ela não percebeu o erro até o dia seguinte, quando se deparou com comentários de colegas de trabalho do esposo[30], amigos e familiares. Um estudo da Grossman School of Medicine, da Universidade de Nova York, descobriu que mais de um terço dos jovens postaram algo nas redes sociais enquanto estavam chapados, e 20% dizem ter publicado algo de que se arrependeram mais tarde[31].

Postar chapado é semelhante a telefonar bêbado, afirmaram os pesquisadores, mas a diferença é que, em vez de se envergonhar na frente de uma pessoa, você faz papel de bobo para o mundo inteiro e, ao contrário dos telefonemas, a internet é eterna. Uma foto sua cheirando cocaína ou vomitando do lado de fora de um bar pode aparecer anos depois, quando você se candidatar a um emprego.

Peter Sagal, apresentador de *Wait Wait… Don't Tell Me!*, programa da National Public Radio, publicou uma lista de regras para o Twitter. A primeira é: "Você se arrependerá de muitos tuítes. Mas nunca se arrependerá de não tuitar." Ironicamente, ele escreveu isso no Twitter. Ainda assim, é um bom conselho.

MANEIRAS DE EVITAR AS REDES SOCIAIS

A melhor maneira de se afastar das redes sociais é se manter ocupado com outra coisa, afirmou Cal Newport, professor de ciência da computação da Universidade Georgetown e autor de *Minimalismo Digital: Para uma vida profunda em um mundo superficial*. Fazer resoluções e confiar na própria força de vontade não é o suficiente, disse Newport. Em vez disso, ele recomenda uma "desintoxicação digital" de um mês, durante a qual se renuncie a toda a tecnologia digital desnecessária. Após esse período, você pode voltar, mas lentamente, em pequenas doses — tornando-se um "minimalista digital".

Quanto à produtividade, Newport é exemplar. Ele publicou oito livros, escrevendo os três primeiros enquanto completava seu doutorado no MIT. Com 40 e poucos anos[32], é professor titular e leciona nos cursos de graduação e pós-graduação da Georgetown, além de pesquisar e publicar artigos acadêmicos. Ele também gravou mais de 200 episódios de podcast e, em seu tempo livre, ministra palestras.

Newport não tem nenhuma conta nas redes sociais.

Talvez você não esteja preparado para uma desintoxicação digital de um mês, mas existem outras formas de se tornar um minimalista digital. A seguir, apresento algumas maneiras inteligentes de limitar o uso das redes sociais:

Deixe registrado. Provavelmente, você passa muito mais tempo do que imagina nas redes sociais. Seu celular pode rastrear esse uso e fornecer um relatório diário ou semanal. Quantos aplicativos sociais você usa? Quantas horas por semana gasta em cada um? Quais você mais acessa? Qual acha mais viciante? Qual acha menos útil? O registro vai ajudá-lo a elaborar um plano. E descobrir o tempo desperdiçado pode levá-lo a agir.

Exclua aplicativos do celular. Obrigue-se a usar as redes sociais apenas em um navegador. Dessa forma, você não poderá simplesmente pegar o telefone e espiá-las por força do hábito.

Desinstale e reinstale. Nimesh Patel, comediante e ex-roteirista do *Saturday Night Live*, limita seu uso do Instagram[33] baixando e excluindo o aplicativo toda vez que precisa acessá-lo: "Eu o verifico pela manhã e depois o excluo. Então, o verifico à noite e o excluo novamente."

Aproveite, mas estabeleça limites. Arthur C. Brooks, professor da Harvard Kennedy School, recomenda reservar um tempo diário para não fazer nada além de usar as redes sociais. Mas o uso só pode acontecer no momento estipulado. O segredo ao usá-las é a "rolagem consciente"[34], que significa se concentrar totalmente no que você está fazendo. "Nesses minutos, só o celular deve importar, como se fosse seu trabalho", aconselha Brooks.

Agende um "sabá digital" semanal. Escolha um dia por semana para evitar as redes sociais. Se possível, não use o celular ou outros dispositivos eletrônicos.

"Perca" seu celular. A localização é importante. Coloque seu smartphone no modo silencioso e deixe-o em um cômodo diferente. Mantenha-o fora de alcance. Faça o mesmo na hora de dormir. Não o deixe na mesa de cabeceira. Pelo menos, coloque-o do outro lado do quarto.

Combata aplicativos com outros aplicativos. Se você não consegue controlar seu uso do celular — como a maioria de nós —, baixe um dos muitos aplicativos antidistração que o impedem de acessar certo aplicativo por determinado período. Um dos mais populares é o Freedom, que funciona em computadores e smartphones, custa US$40 por ano e tem um público fiel, incluindo funcionários da Apple, do Google e da Microsoft e pesquisadores de Harvard, do MIT e da Stanford. Outro, chamado One Sec, adiciona um atraso a um aplicativo social — fazendo com que ele demore mais para carregar — e, em seguida, pergunta se você ainda deseja acessá-la. O criador afirmou que o One Sec acabou com seu vício e o tornou mais produtivo, além de ter aliviado a ansiedade e a depressão crescentes. "O importante é a saúde mental", contou-me.

Compre um telefone burro. Esta é uma abordagem radical, mas você pode tentar substituir seu smartphone por um celular que não execute aplicativos. Você pode comprá-lo como um segundo telefone e usá-lo parte do tempo, o que lhe dará uma pausa dos aplicativos.

Use um smartwatch em vez do smartphone. É o mesmo conceito de obter um telefone burro: compre um Apple Watch (ou algo parecido) com funções de celular e use-o no lugar dele. Existem versões de aplicativos sociais que rodam em smartwatches, mas a experiência é horrível o bastante para que você não se sinta atraído.

Desative as notificações. Esses pequenos sons e palavras que surgem na tela são feitos para distraí-lo e levá-lo de volta aos aplicativos. A menos que você precise ficar à espera de um cliente importante ou tenha outro motivo para não se desconectar, desative as notificações.

Opte pelo cinza. Deixe sua tela em tons de cinza, o que elimina toda a cor, transformando o celular e os aplicativos em uma antiga TV em preto e branco. Nosso cérebro anseia por objetos e cores brilhantes. É por isso que os desenvolvedores de aplicativos usam isso. Os designers de interface testam milhares de cores e combinações para descobrir as mais viciantes. Os tons de cinza invalidam esse esforço.

Mude para o modo somente leitura. Obrigue-se a parar de postar, tuitar, compartilhar ou curtir. Requer disciplina, mas é surpreendente como um aplicativo se torna menos atrativo quando você não está interagindo.

Teste o método da reflexão. Antes de pressionar o teclado, reflita: *Por que estou tuitando?* Você tem algum conhecimento especial e único que contribuirá para um assunto discutido no Twitter? Fará uma pergunta para buscar informações e aprender algo? O que você espera obter? O que ganhará com isso? Nunca chego a uma boa resposta quando reflito *por que estou tuitando?*. E quanto mais calo a boca nas redes sociais, mais fácil é calar a boca em outras situações de minha vida.

4

MANSPLAINING, MANTERRUPTING E *MANALOGUES*

Os homens são campeões em falar demais — e interromper as pessoas. Eles monopolizam a conversa, sem dar espaço para que os outros se expressem. Esses comportamentos são conhecidos como *mansplaining, manterrupting* e *manalogues*. Na minha casa, são chamados de Danólogos, e parte de minha prática CLBC envolve mudar esse hábito.

Os homens são especialmente desagradáveis no ambiente de trabalho, mesmo com as mulheres mais talentosas e poderosas do mundo, incluindo juízas da Suprema Corte e a diretora de tecnologia dos EUA. Certa vez, após sua apresentação em uma conferência, presenciei minha esposa ser intimidada por um cara durante a sessão de perguntas e respostas. Ele falou por cima, interrompeu-a, não a deixou se expressar e praticamente gritou com ela. Quando evidenciei minha indignação, ela respondeu: "Isso acontece com as mulheres o tempo todo."

A maioria dos homens não é tão abertamente hostil quanto o cara que atormentou minha esposa. Mas eles falam por cima das mulheres o tempo todo e, muitas vezes, sem nem perceber. Um estudo constatou que, no trabalho, as mulheres sofrem *mansplaining* até seis vezes por semana, mais de trezentas vezes por ano. Quase dois terços delas acreditam que os homens nem sequer sabem que praticam *mansplaining*. E duas em cada cinco[1] afirmam que eles já lhes disseram que elas, as *mulheres*, forçam a barra!

Os homens falam tão excessiva e regularmente que isso já se tornou algo normalizado. Na verdade, é raro não acontecer. Da próxima vez em que estiver entre homens e mulheres, repare na situação. Conte as interrupções. Quem interrompe e quem é interrompido? Observe com que frequência um homem afirma ser especialista em um assunto que não domina ou, confiante, dá uma palestra sobre algo que acabou de ler no *New York Times* ou na *Atlantic* como se as ideias fossem dele. Uma vez que você nota esses padrões, é impossível ignorá-los.

No entanto, é possível abandonar esse comportamento, e isso trará benefícios. Se você é homem e deseja se tornar um marido e um pai melhor, ser um excelente colega e avançar na carreira ou se destacar dos outros homens, aplique as Cinco Maneiras de CLBC. Se você é mulher, a escritora Soraya Chemaly recomenda praticar estas três frases todos os dias[2]: "Pare de me interromper"; "Foi exatamente o que eu disse"; e "Não precisa me explicar".

O MITO DE QUE AS MULHERES FALAM DEMAIS

É estranho que, embora os homens sejam muito mais propensos a serem falastrões, historicamente, as mulheres têm sido retratadas como tagarelas e fofoqueiras, presas ao estereótipo de que falam mais do que eles. Em 2006, a neuropsiquiatra Louann Brizendine pareceu reforçar o estereótipo quando afirmou, em seu best-seller *Como As Mulheres Pensam*, que elas falam 20 mil palavras por dia, enquanto os homens falam apenas 7 mil. Aparentemente, ela obteve essa informação de *Why Men Don't Listen and Women Can't Read Maps*[3], livro de autoajuda escrito por Allan Pease, autor best-seller e especialista em linguagem corporal. Entretanto, (a) Pease considerou "eventos de comunicação" como expressões faciais e gestos, não palavras faladas; e (b) não está claro de onde ele tirou esses números. Para alguns especialistas, a afirmação de Brizendine parecia ridícula — fala sério, *três vezes mais*? —, mas a mídia adorou. O antigo estereótipo era verdadeiro! A ciência comprovou!

Quando um entrevistador perguntou se a neuropsiquiatra estava apenas reiterando um estereótipo ultrapassado, ela respondeu: "Um estereótipo sempre tem um aspecto de verdade, ou não seria um estereótipo. Trata-se da base biológica por trás de comportamentos já conhecidos."[4]

Mas os números estavam errados. Quando pesquisadores da Universidade do Texas em Austin fizeram um experimento para verificar a afirmação de Brizendine, eles descobriram que tanto mulheres quanto homens falam, em média, cerca de 16 mil palavras por dia — e os três falastrões mais extremos do estudo eram homens. A neuropsiquiatra havia cometido um erro, e, em sua defesa, ela o reconheceu, retirando a informação das edições posteriores do livro[5]. Mas esses números foram mencionados em centenas de artigos, e a internet é eterna. Com certeza, há pessoas que ainda acreditam neles e os citam.

A falha de Brizendine levantou uma questão interessante. Por que os números apresentados tiveram um impacto tão profundo? Por que despertaram emoções tão intensas e provocaram uma reação tão significativa — tanto em homens quanto em mulheres? Esse é um exemplo da teoria da Grande Mentira: repetir algo, durante um período suficientemente longo, faz com que as pessoas acreditem.

O estereótipo se manifesta em diversas culturas. Segundo um velho ditado inglês, "a língua das mulheres é como a cauda de um cordeiro; nunca fica parada." No Japão, afirma-se: "Onde há mulheres e gansos, há barulho." Os chineses dizem: "A língua é a espada de uma mulher, e ela nunca a deixa enferrujar." As peças de Shakespeare costumam retratar mulheres como intrometidas e briguentas. Originalmente, a expressão "conto da carochinha" se referia às mentiras ou às histórias imorais contadas por elas. A palavra *gossip* ["fofoca", em português"] vem do inglês arcaico *godsibb*, que significava "padrinho", mas, por volta de 1500, ela passou a designar "fala difamatória e rumores espalhados por mulheres". Voltando ainda mais no tempo, São Paulo descreve as viúvas como "ociosas, andando de casa em casa; e não apenas ociosas, mas fofoqueiras e indiscretas, dizendo o que não convém."

Na Idade Média, as mulheres eram condenadas por "pecados da língua" e, como punição, eram humilhadas em público, afogadas em rios ou forçadas a usar a "máscara da infâmia", uma gaiola de ferro atada à cabeça, com uma mordaça que pressionava a língua para baixo, impedindo a pessoa de falar. No Reino Unido, a máscara da infâmia permaneceu em uso até o início dos anos 1900.

Alguns homens ainda se apegam à crença de que as mulheres falam mais do que eles. Em 2021, o octogenário Yoshiro Mori, presidente do comitê organizador dos Jogos Olímpicos de Tóquio e ex-primeiro-ministro, respondeu à sugestão de incluir mais mulheres no comitê afirmando que as reuniões demorariam muito, pois elas falam demais. Em 2017, David Bonderman, então com 75 anos, investidor de *private equity* e membro do conselho de administração da Uber, declarou que uma maior inclusão de mulheres no conselho significaria "mais falatório".

É claro que a verdade é exatamente o oposto: na maioria das situações, especialmente as profissionais, os homens falam muito mais.

MANTERRUPTING

Em 2014, Kieran Snyder, executiva de uma empresa de tecnologia, conduziu um experimento. Ao longo de quinze horas de reuniões, ela registrou cada interrupção. Snyder, que tem doutorado em linguística, contabilizou 314 interrupções, das quais dois terços foram feitas por homens — ou seja, os homens interromperam duas vezes mais do que as mulheres. Curiosamente, quando eles interrompiam, 70% das vezes o alvo era uma mulher. O desequilíbrio foi ainda mais acentuado pelo fato de

MANSPLAINING, MANTERRUPTING E MANALOGUES

que apenas 40% do grupo era feminino. Além disso, quando as mulheres interrompiam, eram muito mais propensas (89% das vezes) a interromperem umas às outras. "Sempre que começam a falar, as mulheres são interrompidas", constatou Snyder em um artigo na *Slate*. Nenhuma conhecida sua ficou surpresa com a descoberta. "Em sua maioria, as mulheres na tecnologia responderam[6]: 'É óbvio'", escreveu ela.

Segundo Snyder, a solução não é os homens calarem a boca, mas as mulheres se tornarem mais incisivas quanto à interrupção e, principalmente, aprenderem a interrompê-los. "Os resultados sugerem que as mulheres param de avançar em sua carreira se não aprendem a interromper, pelo menos nesse ambiente tecnológico dominado por homens", concluiu ela no artigo "How to Get Ahead as a Woman in Tech: Interrupt Men".

De acordo com um estudo de 2020, conduzido por Janice McCabe, socióloga da Dartmouth, estudantes universitários do sexo masculino falam 1,6 vezes mais do que os do feminino. Eles são mais propensos a falar sem levantar a mão[7], a interromper e a discursar por mais tempo. Esse desequilíbrio é ainda mais acentuado entre professores e estudantes de pós-graduação em colóquios acadêmicos, nos quais os homens falam duas vezes mais do que as mulheres, segundo um estudo de 2017[8], conduzido por pesquisadores da Universidade Rice. Na escola primária, os meninos falam três vezes mais do que as meninas, mas os professores as percebem como mais falantes[9]. Ao serem questionados sobre a percepção do equilíbrio de fala em conversas, os homens consideraram que havia equilíbrio quando as mulheres falaram apenas 15% do tempo; quando elas falaram 30% do tempo, eles consideraram a conversa dominada por mulheres[10], segundo a estudiosa feminista australiana Dale Spender. Mesmo após estabelecer um equilíbrio de fala quase idêntico entre meninas e meninos, a percepção de um professor de ciências era de que as meninas falavam 90% do tempo. Uma das frases mais conhecidas de Spender é[11]: "A loquacidade das mulheres tem sido medida em comparação não com a dos homens, mas com o silêncio. Elas não são julgadas pelo critério de falar mais do que eles, mas, sim, de falar mais do que as mulheres silenciosas."

Um estudo da Stanford comparou conversas entre dois homens, entre duas mulheres e entre um homem e uma mulher. Nas conversas entre pessoas do mesmo sexo, houve sete interrupções. Na conversa entre as de sexo oposto, houve 48 interrupções[12], e 46 delas foram feitas pelo homem. Pesquisadores da Universidade George Washington[13] constataram que os homens interrompem as mulheres 33% mais vezes do que interrompem uns aos outros. Ao analisar transcrições da Suprema Corte dos EUA, professores da Northwestern Pritzker School of Law[14] descobriram que, em comparação aos seus homólogos do sexo masculino, as juízas eram três vezes mais propensas a serem interrompidas e muito menos propensas a interromper. Apenas 4% das interrupções foram feitas por mulheres, enquanto 66% foram dirigidas a elas.

Na primeira administração Obama, havia mais homens do que mulheres na equipe, com uma proporção de dois para um. Elas percebiam que, durante as reuniões, suas ideias eram ignoradas e que, algumas semanas depois, os colegas do sexo masculino apresentavam as mesmas soluções como se fossem deles. As mulheres reagiram elaborando uma estratégia que chamaram de "amplificação". Quando uma mulher fazia uma sugestão, as colegas a reiteravam e reconheciam o mérito, dificultando que os homens roubassem suas ideias. Em determinado momento, o presidente percebeu a situação e começou a dar mais voz às mulheres durante as reuniões[15].

POR QUE ACONTECE O *MANSPLAINING*

Um problema, segundo Deborah Tannen, professora de linguística da Universidade Georgetown, é que os homens são condicionados a se comportarem dessa maneira e podem não estar cientes de sua atitude. Eles são ensinados a se impor e a buscar poder e domínio por meio da fala. Os homens falam para alcançar status, enquanto as mulheres falam para alcançar conexão — o que parece ser outro estereótipo, pelo menos em relação às mulheres, mas, de acordo com pesquisadores, a afirmação sobre os homens é verdadeira. O *mansplaining* tem o mesmo propósito do *manspreading*: garantir domínio ocupando mais espaço.

Esse comportamento começa na infância, quando os meninos se concentram no status e rapidamente estabelecem hierarquias em grupos, esforçando-se para obter uma "superioridade", enquanto as meninas tentam construir conexão, afirma Tannen. Como adultos, os homens usam a fala para demonstrar habilidade ou conhecimento. No local de trabalho, eles usam o "eu" em situações em que as mulheres usam o "nós". "Elas são menos propensas a terem aprendido como se autopromover", escreveu Tannen na *Harvard Business Review*[16].

Em um experimento, os calouros de uma universidade foram solicitados a prever quais notas tirariam no ano seguinte. Quando as mulheres participantes anotaram suas respostas e as colocaram em um envelope, elas previram notas mais altas do que as declaradas publicamente aos pesquisadores. Os homens previram as mesmas notas em ambas as situações[17] — não hesitaram em parecer excessivamente confiantes.

O estereótipo de que os homens não querem parar e pedir direções é baseado na realidade; para eles, fazer perguntas significa diminuir seu status. O mesmo se aplica ao local de trabalho, onde receiam parecer ignorantes, declara Tannen. John Gray, autor de *Homens São de Marte, Mulheres São de Vênus*[18], analisou entrevistas com cem mil executivos e constatou que 80% das mulheres afirmam fazer perguntas mesmo quando sabem a resposta e que 72% dos homens dizem que as mulheres fazem muitas perguntas. Fala sério!

Ao ouvir uma reclamação, os homens acreditam que receberam um desafio e que devem oferecer conselhos ou propor uma solução. Então, praticam o *mansplaining*. Eles também são mais propensos a interromper ou contestar os outros durante uma conversa[19], diz Rob Kendall, escritor e consultor que estuda estilos de comunicação.

Quando participou de uma mesa-redonda em uma conferência, Eric Schmidt, ex-presidente do Google, interrompeu constantemente a única mulher ao seu lado — Megan Smith, diretora de tecnologia dos EUA e ex-executiva de alto escalão do Google. Schmidt parecia não ter consciência de seu comportamento até que, durante a sessão de perguntas e respostas, a líder do Programa Global de Diversidade e Talentos do Google apontou a atitude como um exemplo de preconceito inconsciente em relação às mulheres[20].

O *manterrupting* é um preconceito de gênero que se manifesta no discurso. É o comportamento dos homens que acreditam ser mais importantes do que as mulheres e merecerem um status mais elevado. É a atitude dos narcisistas conversacionais que acham suas opiniões superiores e, portanto, dignas de mais tempo. *Você é inteligente, Megan Smith. Mas eu sou muito mais.*

O *mansplaining* está mais relacionado ao gênero do que à individualidade. Segundo Jessica Nordell, escritora e consultora que estuda o preconceito de gênero no local de trabalho, homens e mulheres trans têm uma oportunidade única de comprovar isso na prática. Os homens trans são interrompidos com menos frequência após a transição[21], constatou Nordell, e as mulheres trans têm a experiência oposta.

Ben Barres, neurobiólogo da Universidade Stanford que viveu como "Barbara Barres" até a sua transição em 1997, relatou ter recebido um tratamento muito diferente como Ben: ele era interrompido com menos frequência e elogiado de maneira mais efusiva por seu trabalho. "As pessoas que não sabem que sou transgênero me tratam com muito mais respeito: consigo até completar uma frase sem ser interrompido por um homem", escreveu o neurobiólogo, que faleceu em 2017. Certa vez, após ele fazer uma apresentação em um seminário, um dos presentes, que não percebeu que Ben Barres e Barbara Barres eram a mesma pessoa, comentou: "Ben Barres fez uma excelente apresentação hoje, afinal, seu trabalho é muito melhor do que o de sua irmã."

Outra cientista da Stanford, uma mulher trans chamada Joan Roughgarden, teve a experiência oposta: depois da transição, ela passou a ser levada menos a sério e tratada com menos respeito. Roughgarden, uma bióloga evolucionista, revelou ter sido interrompida, desrespeitada e até mesmo intimidada por cientistas do sexo masculino que discordavam de suas ideias. Seu salário diminuiu. Comparando sua situação com a de Ben Barres, Roughgarden afirmou: "Ben migrou para o centro, enquanto eu precisei migrar para a periferia."[22]

NEM TUDO ESTÁ PERDIDO

Os homens precisam mudar — e, segundo um especialista, a maioria deles está disposta se alguém explicar como fazer isso. O primeiro passo é reconhecer que os homens têm uma propensão a interromper e falar por cima, sobretudo quando se trata de mulheres. Talvez eles nem saibam que agem assim. E se livram das consequências de falar demais e interromper os outros, pois "a sociedade aceitou que é normal e natural que os homens tendam a falar mais"[23], de acordo com Joanna Wolfe, professora da Universidade Carnegie Mellon, que usa graduandos de engenharia como sujeitos de teste para estudar a comunicação entre homens e mulheres.

Wolfe me falou sobre a estratégia que ela chama de "foco no futuro positivo", que possibilita que as mulheres se imponham sem sofrer uma penalidade social. Em vez de expressar raiva ou sentimentos negativos, elas devem focar resultados positivos, dizendo frases como "Podemos tornar esta reunião muito mais eficiente se todos tiverem a chance de falar sem ser interrompidos". No caso de expor uma queixa, Wolfe constatou que a medida mais eficaz é se concentrar no futuro e nos fatos, não no passado e nas emoções.

Segundo Wolfe, um ponto positivo é que, ao perceber o quanto interrompem as mulheres e falam por cima delas, alguns homens aprimoram suas habilidades de comunicação. Em um experimento, Wolfe e seus colegas filmaram pequenos grupos de estudantes de engenharia durante uma reunião e, depois, mostraram as gravações para cada um dos envolvidos. Em um grupo, havia dois homens e uma mulher; quando assistiu à gravação, um deles ficou surpreso ao perceber como ele e o outro interromperam e ignoraram a colega. "Disse: 'Minha nossa. Não acredito que fiz isso. Não acredito no quanto fomos mal-educados'", revelou Wolfe. "Ele ficou chocado. Viu como a mulher fora excluída e, pela primeira vez, atentou-se a algumas expressões faciais dela." O estudante prometeu melhorar.

COMO MUDAR O HÁBITO DE INTERROMPER

O objetivo do CLBC é encontrar maneiras mais eficazes de comunicação. Isso significa aprender a parar de interromper as pessoas, mas também a interromper educadamente quando necessário — por exemplo, para calar um falastrão. Para aprender a parar de interromper, algumas de minhas Cinco Maneiras de CLBC funcionam muito bem. "Quando possível, não diga nada" e "Aprenda a escutar" são escolhas óbvias. A seguir, apresento duas outras maneiras de mudar o hábito de interromper:

Grave e transcreva. O Zoom facilita essa técnica. Em uma reunião individual ou em grupo, peça permissão para gravar e, depois, ouça a gravação e/ou transcreva o áudio em um serviço como o Rev. Para mim, ver as palavras em uma página causa mais impacto. Só de olhar o tamanho dos parágrafos, é possível avaliar o quanto cada pessoa fala. Assim como os estudantes do sexo masculino que participaram da pesquisa de Joanna Wolfe na Carnegie Mellon, você pode se surpreender com a quantidade de vezes que interrompe os outros.

Faça anotações. Geralmente, interrompemos quando surge uma ótima ideia sobre algo que nosso interlocutor disse e tememos esquecer caso ele continue a falar. Ou quando receamos que a outra pessoa mude de assunto e percamos a oportunidade de nos expressar. Dica profissional: em vez de interromper, mantenha uma caneta à mão e anote sua ideia para retomá-la depois. Dica extra: às vezes, ao vê-lo fazendo anotações, a outra pessoa pergunta se você tem algo a dizer.

NA CORDA BAMBA: DEFENDA-SE DE INTERRUPTORES

Reagir pode ser complicado, principalmente para as mulheres. Estudos comprovam que, ao censurar alguém por interromper, os homens são vistos de maneira positiva, mas, quando as mulheres fazem isso, elas são vistas de maneira negativa. Como Sheryl Sandberg, ex-diretora de operações do Facebook, escreveu certa vez[24]: "Quando uma mulher se expressa em um ambiente profissional, ela está na corda bamba. Ou mal é ouvida ou é julgada como muito agressiva."

Há maneiras de ser assertivo sem cair da corda bamba. Estudos constataram que as pessoas que falam de modo mais direto, usam frases mais curtas e mantêm contato visual com potenciais interruptores são interrompidas com menos frequência. A escolha de palavras também importa. Diga "eu sei", e não "eu acho" ou "eu acredito". Diga "com certeza", e não "talvez". E demonstre firmeza logo de cara. Os pesquisadores da Northwestern que analisaram as transcrições da Suprema Corte descobriram que a maioria das interrupções ocorria no início dos comentários de uma juíza, muitas vezes, quando ela começava com uma frase educada como "Posso perguntar…". Com o tempo, as juízas aprenderam a ser menos gentis[25]. Siga o exemplo.

A seguir, apresento outras cinco táticas:

Pare, espere, continue. Richard Branson, fundador do Virgin Group, compartilha um truque que aprendeu com George Whitesides, ex-CEO da Virgin Galactic. Se alguém interrompesse Whitesides, ele parava no meio da frase, esperava a outra pessoa terminar e continuava de onde parou. A técnica era uma repreensão silenciosa, uma forma eficaz de fazer as pessoas não interromperem — "algo lindo de se ver", escreveu Branson em *The Virgin Way: Everything I Know About Leadership*.

Antecipe e controle. Se estiver conduzindo a reunião, defina as regras básicas antes de iniciá-la ou antes de se expressar: "Direi algo importante, então me deixem terminar." Se *aquele* cara — o interruptor em série — estiver na reunião, olhe diretamente para ele ao dizer isso.

Repreenda a outra pessoa. "Sr. Vice-Presidente, estou falando", afirmou Kamala Harris quando Mike Pence insistiu em interrompê-la durante um debate. Com calma e assertividade, ela censurou a atitude dele, demonstrando liderança. Você pode adotar uma abordagem mais cortês: "Ainda tenho algumas observações. Pode esperar?" ou "Quero ouvir seu feedback, mas antes deixe-me terminar".

Continue falando. Essa tática é complicada, mas algumas pessoas se saem bem. Não é preciso falar mais rápido ou mais alto. Apenas continuar falando. Funciona melhor quando você está lidando com *aquele* cara, pois os outros ficarão do seu lado e podem até considerá-lo um herói por ter a coragem de fazer o que eles gostariam.

Converse com o interruptor em particular. Pode ser alguém que interrompe você ou uma pessoa que tem o hábito de interromper todo mundo. A censura em uma reunião pode ser contraproducente devido à vergonha, mas uma conversa privada pode ser eficaz. Talvez o interruptor não saiba que age dessa forma e pode se sentir grato por seu aviso. Aborde o assunto como uma tentativa de ajudá-lo.

COMO INTERROMPER EDUCADAMENTE

Às vezes, é necessário interromper, e há maneiras gentis de fazer isso. O importante é evidenciar que você não está dominando a conversa e que deseja que a outra pessoa continue falando após seu comentário.

Peça permissão. Pode ser com uma expressão facial ou um pequeno gesto que indique seu desejo de falar. Ou diga: "Desculpe, posso interromper por um momento?" Outra opção: "Desculpe, mas você disse algo importante. Posso fazer uma pergunta antes de prosseguirmos?"

Comece com um pedido de desculpas. Toda interrupção deve começar com "Desculpe" e ser seguida de "Quero ouvir o restante, mas gostaria de entender melhor o que você disse".

HOMENS: DEPENDE DE VOCÊS

Ensinar as mulheres a se defenderem de interruptores é ótimo, mas não seria necessário em um mundo perfeito. O fardo recai sobre os homens e, assim como Joanna Wolfe, acredito que muitos queiram melhorar. Comece a se policiar quando estiver falando com as mulheres. Reconheça que, provavelmente, você tem uma tendência ao *manterrupting* e que, ao interromper as mulheres, elas ficarão com uma impressão negativa de você e desvalorizarão seu discurso.

Esteja atento à dinâmica e se esforce para garantir o equilíbrio. Além de deixar as mulheres terminarem o que têm a dizer, espere um pouco antes de se expressar. O *mansplaining* está fora de cogitação. Imagine que a conversa é sobre uma partida de futebol e não seja um jogador fominha. Fale no máximo quatro frases e, então, passe a bola.

Conscientemente ou não, as mulheres esperam ser alvo de *mansplaining*, *manterrupting* e *manalogues*. Os homens que abandonam esses comportamentos se destacam e são vistos de forma mais positiva, tornando-se mais cativantes. Seja um desses homens.

5

CLBC COMO REMÉDIO

Praticar trinta minutos diários de exercício moderado vai mantê-lo saudável e ajudá-lo a viver mais. Assim como dar 10 mil passos e dormir 8 horas por dia. Mas mudar a maneira como você fala pode ser igualmente importante. Falar com intenção, escutar mais, passar um tempo em silêncio e — conforme discutirei neste capítulo — até mesmo mudar as palavras que você usa pode reduzir a ansiedade, a depressão e suas chances de desenvolver doenças inflamatórias. Basicamente, é possível usar o CLBC como remédio.

"Nosso comportamento mais prevalente é a fala. É conversar com outras pessoas. Porém, até recentemente, não estudávamos esse aspecto", afirmou Matthias Mehl, psicólogo social da Universidade do Arizona, que tem procurado, nos últimos vinte anos, conexões entre fala e bem-estar. "Mas é profundamente fascinante essa ideia de que o processamento psicológico pode ter consequências positivas e negativas no corpo físico."

Mehl ganhou atenção ao desmascarar os números apresentados em *Como as Mulheres Pensam*, que sugeriam que elas falam três vezes mais palavras por dia do que os homens. Ele fez com que quatrocentos universitários passassem alguns dias carregando um dispositivo chamado Gravador Ativado Eletronicamente (EAR, na sigla em inglês), que se liga em intervalos aleatórios e registra o que ouve. Quando calculou a média dos resultados, Mehl descobriu que tanto homens quanto mulheres falavam cerca de 16 mil palavras por dia. E os três participantes mais falantes eram homens.

A partir daí, ele começou a usar o EAR para analisar não apenas quantas palavras eram faladas, mas também quais eram usadas. Quanto tempo as pessoas despendiam em conversas significativas e substanciais? Quanto de seu discurso diário era dedicado a conversas triviais? E o que isso dizia sobre elas?

Em um artigo intitulado "Eavesdropping on Happiness", Mehl e sua equipe constataram que as pessoas que passavam mais tempo em conversas boas e menos tempo em conversas triviais eram mais felizes. Eles solicitaram que os participantes preenchessem relatórios para medir a própria satisfação com a vida, coletando informações de conhecidos dos sujeitos e, em seguida, calculando uma "pontuação de felicidade" para cada um e relacionando-a com os dados das conversas. A pessoa mais feliz do estudo gastava apenas 10% de seu tempo em diálogos triviais. A mais infeliz gastava quase 30%.

A conclusão, segundo Mehl, foi que conversas boas têm um efeito tão profundo no bem-estar emocional que "podem ser um ingrediente-chave para uma vida satisfatória". Ele acredita que você pode ser mais feliz prestando atenção à maneira como fala e se esforçando para ter diálogos melhores.

Mas como definir uma conversa "boa"? E como ter uma? Basicamente, é só calar a boca. Conversas boas não envolvem, necessariamente, falar mais. Na verdade, elas geralmente envolvem falar *menos*. "Nossos dados são muito consistentes com a possibilidade de que o mundo seria um lugar melhor se as pessoas escutassem mais e falassem menos", declarou o psicólogo. "A melhor forma de obter conversas significativas é fazendo perguntas."

De acordo com Mehl, não é necessário renunciar completamente aos diálogos triviais. Apenas tente, pelo menos uma vez por dia, ter uma conversa que vá além de assuntos como o clima agradável e a rapidez com que passa o fim de semana. Você não precisa discutir nada tão sublime quanto o significado da existência ou a vida após a morte. É possível ter uma conversa boa ao falar sobre a escola com seu filho ou planejar férias com seu cônjuge. Diálogos triviais podem evoluir para discussões mais profundas sobre sonhos e aspirações.

Transformar uma conversa comum em uma conversa "boa" é uma arte. Mehl me contou sobre a vez em que estava caminhando e encontrou seu vizinho, que havia passado por uma cirurgia oncológica. "Eu perguntei a ele: 'Como você está?' E não no sentido de 'Oi, e aí?', mas de 'Sério, *como você está?*'" E acabamos tendo uma conversa boa. Essa é a beleza disso. O ponto de partida de uma conversa boa não pode estar tão longe de um diálogo trivial. Trata-se de perguntar 'Como você está?', mas de uma forma um pouco mais genuína e atenciosa. E, a partir daí, a conversa se desenvolve."

Trata-se, também, de ser autêntico. "A ideia é que, nessa conversa, haja autenticidade", afirmou Mehl. "É interessante, pois o que é ser 'autêntico'? É não usar uma máscara, mas, sim, permitir que uma parte de si mesmo seja vista ou ouvida. Ou seja, é expressar palavras que são consistentes com os próprios valores. É se afastar de assuntos como clima e futebol e abordar os aspectos importantes, seus principais valores."

TOME DUAS CONVERSAS E ME LIGUE PELA MANHÃ

Se as conversas boas aumentam o bem-estar psicológico, elas também melhoram a saúde física? Parece meio insensato, mas Mehl acreditava que sim.

A ideia de que a fala e a saúde estão relacionadas — de que "a palavra impacta o bem-estar físico" — tem sido discutida há muito tempo. Há cinquenta anos, houve um boom na medicina psicossomática, trazendo a noção de que as pessoas poderiam usar o comportamento emocional e social para curar ou aliviar doenças físicas — o exemplo clássico é a crença de que o pensamento positivo pode aumentar as chances de sobreviver ao câncer. Muitos médicos dizem que isso é um completo charlatanismo[1], embora pelo menos um estudo de pacientes com câncer tenha constatado que o pensamento positivo contribuiu para fortalecer o sistema imunológico dos pacientes e ajudá-los a desenvolver mais células que combatem o câncer.

Na década de 1970, o psicólogo James J. Lynch descobriu que, sempre que você fala, sua pressão arterial aumenta e, sempre que escuta, sua pressão arterial diminui. Ele fazia demonstrações em que chamava voluntários a um palco, conectava-os a um monitor de pressão arterial e lhes pedia para começarem a falar. Imediatamente, e para o deleite do público, a pressão arterial aumentava. As pessoas com hipertensão eram especialmente sensíveis: quando começavam a falar, a pressão arterial disparava. Falastrões também tinham uma resposta exagerada.

Lynch propôs tratar pessoas com hipertensão ensinando-as a falar de uma forma mais relaxada — basicamente, usando a fala como remédio. "Como podemos aproveitar a conversa e manter a pressão arterial baixa?", questionou ele. "Ao escutar mais, respirar regularmente enquanto falamos, alternar entre nos expressar e prestar atenção ao que o outro está dizendo." Reitero: usar o CLBC como remédio. E, se for um falastrão, fica o aviso: você corre um risco extra-alto de sofrer danos físicos por conta da fala excessiva.

O problema com a pesquisa realizada na década de 1970 é que a tecnologia disponível era da Idade da Pedra em comparação com a atual. Pesquisadores como Lynch encontravam correlações e faziam suposições baseadas na intuição. Mehl, no entanto, teve a vantagem da genômica para quantificar os resultados quando se propôs a encontrar essas conexões. Assim como no estudo "Eavesdropping", ele equipou as pessoas com EARs, gravando e transcrevendo o que elas diziam, mas, em vez de relacionar a qualidade da conversa com as pontuações de felicidade, ele a associou com informações genéticas. Mehl colaborou com Steve Cole, psicólogo da UCLA que estuda a forma como os ambientes sociais influenciam a expressão gênica. Eles descobriram que as pessoas que passavam mais tempo em conversas boas exibiam uma "resposta inflamatória reduzida", o que significa que tinham sistemas imunológicos mais saudáveis e eram menos propensas a sofrer de condições inflamatórias como hipertensão e doenças cardíacas.

Foi uma descoberta importante. E Mehl acredita que há implicações profundas. Por um lado, significa que os médicos podem usar o jeito de falar como uma ferramenta de diagnóstico. As palavras que usamos podem oferecer pistas para problemas em nosso sistema imunológico. Com efeito, os médicos poderiam usar a linguagem para perscrutar nosso cérebro e corpo. "Nossos estados corporais não nos são facilmente acessíveis, mas talvez nós os expressemos sutilmente por meio de nossa linguagem e talvez possamos rastreá-los", declarou Mehl.

Mas essa descoberta acarreta uma hipótese ainda mais tentadora: poderíamos nos tornar mais saudáveis ao ter conversas boas sobre assuntos significativos e substanciais? Poderíamos usar a fala como remédio? "Sabemos que você pode tomar ibuprofeno para obter uma resposta anti-inflamatória. Então seria possível tomar algumas conversas boas para obter o mesmo resultado? A ideia é essa", afirmou Mehl. "Há muito trabalho a ser feito. Mas a linguagem é uma janela para os processos psicológicos, e agora sabemos que também é para os processos biológicos." Pode parecer absurdo, mas o psicólogo salienta que a fala é tão fundamental para nossa vida que seria ainda mais absurdo se ela não estivesse conectada com a saúde física.

Sabemos o que são conversas boas. Mas como avaliar se estamos tendo uma quantidade suficiente delas? Podemos usar nossos smartphones ou smartwatches para acompanhar o que falamos e calcular uma pontuação. Há vinte anos, o EAR de Mehl era uma engenhoca desajeitada — um minigravador com temporizador. Hoje, ele é um software, um aplicativo que você pode instalar no celular.

O psicólogo está colaborando com um desenvolvedor de software e uma equipe de pesquisadores da Harvard para ajustar o código do aplicativo, de modo que o EAR possa ser executado em um smartwatch. Os médicos de Harvard estão trabalhando com pacientes de AVC, que se recuperam mais rápido se conversarem e socializarem mais. Um relógio com um monitorador de conversas registraria o quanto eles estão falando e que tipo de conversas estão tendo. Os pesquisadores construíram um protótipo, mas ele ainda precisa ser aprimorado. O maior desafio é ajustar o código do aplicativo para que caiba na pequena memória do smartwatch. "Temos relógios que podem contar nossos passos e medir a qualidade de nosso sono. Mas nossa socialização e o tipo de conversas que estamos tendo são comportamentos sociais igualmente importantes. No entanto, ainda não há como monitorar a fala da mesma forma que monitoramos o sono e o exercício físico. É um ponto cego", explicou Mehl.

Não é difícil imaginar o monitoramento de conversas sendo incorporado a dispositivos de consumo comuns, ou nosso relógio nos incentivando a levantar e conversar com alguém.

O "EU" EM MEIO À TEMPESTADE

Mais uma vez usando o EAR, Mehl se juntou a uma equipe que fez uma terceira grande descoberta: aqueles que sofrem de ansiedade e depressão usam mais alguns pronomes da primeira pessoa do singular — *eu*, *comigo* e *meu*. O que antes se acreditava ser um sinal de narcisismo é, na verdade, uma indicação de estados emocionais negativos. Os pesquisadores chamam esse tipo de fala de "discurso do eu" e dizem que ele é um marcador de "afetividade negativa", a qual engloba ansiedade, depressão e estresse. Allison Tackman, psicóloga da Universidade do Arizona e principal autora do estudo em questão, aprofundou ainda mais essa análise, descobrindo que os pronomes *eu* e *comigo* estão mais correlacionados com a "afetividade negativa" do que *meu*, provavelmente porque esse pronome possessivo se conecta a algo ou alguém diferente de si mesmo. Das 16 mil palavras que falamos em média diariamente, cerca de 1.400 são pronomes da primeira pessoa do singular. Mas aqueles que estão estressados, ansiosos ou depressivos podem dizer *eu* e *comigo* até 2 mil vezes por dia[2].

Os psicólogos usam o discurso do eu como ferramenta de diagnóstico, um indicador de sofrimento emocional. Pense na última vez em que você vivenciou uma situação estressante ou agonizante — um término de relacionamento ou uma demissão — e em como direcionou toda a atenção para si mesmo em sua fase de "autopiedade". Por que isso aconteceu *comigo*? O que há de errado *comigo*? O que *eu* fiz de errado? Por que *eu* não consigo melhorar? Por que ninguém quer ficar *comigo*? Você estava preso no vórtice do que Mehl chama de "o *eu* em meio à tempestade".

Se o discurso do eu indica depressão, seria possível sair da depressão reduzindo o uso dele? James Pennebaker, mentor de Mehl e psicólogo pesquisador da Universidade do Texas em Austin, teorizou essa possibilidade. Ele ficou famoso por estudar pronomes. Sua grande descoberta foi que as palavras que alguém usa — particularmente os pronomes — revelam as suas motivações. Quer prever o desempenho de um jovem na faculdade ou a probabilidade de um político levar um país à guerra? Segundo Pennebaker, está tudo codificado no discurso.

Na década de 1990, ele teve uma ideia que chamou de "terapia de pronome", na qual instruía as pessoas a monitorar e evitar o uso da primeira pessoa do singular. Os resultados foram inconclusivos, provavelmente porque se concentrar tanto em não dizer *eu* desviava a atenção da conversa real.

Porém, desde então, outros descobriram que pequenas mudanças na linguagem podem ajudar as pessoas a regularem as próprias emoções negativas. Um estudo de Harvard[3] constatou que pacientes de terapia que reduziram o uso de *eu* e, curiosamente, de verbos no presente — uma técnica chamada "distanciamento linguístico" — melhoraram sua saúde psicológica. Pesquisadores da Universidade de Michigan[4] descobriram que uma técnica chamada "autoconversa distanciada" — falar consigo mesmo na segunda ou terceira pessoa ou usar o próprio nome e evitar *eu* e *comigo* — teve efeitos semelhantes. Os psicólogos de Michigan concluíram que os terapeutas podem aplicar a autoconversa distanciada para ajudar as pessoas a processarem experiências estressantes ou negativas, pois "mudanças sutis na linguagem podem ser aproveitadas para alterar adaptativamente a autoperspectiva, com implicações na forma de pensar e sentir".

Os pesquisadores sugerem que os terapeutas usem essas abordagens com seus pacientes, mas talvez valha a pena experimentá-las por conta própria. É impossível eliminar por completo os pronomes *eu*, *comigo* e *meu*, porém, passar um dia reduzindo seu uso — praticando a terapia de pronome — é um exercício valioso. No espírito do CLBC, você está se forçando a pensar sobre como fala e a ser intencional na escolha das palavras enquanto emprega a técnica de distanciamento linguístico. Parece estranho passar um tempo falando consigo mesmo na segunda ou terceira pessoa ou usar o próprio nome em vez de *eu* e *comigo*. Mas você pode praticar a autoconversa distanciada quando estiver sozinho. E o benefício real pode vir justamente da pausa para refletir sobre como está se expressando.

BANHO DE FLORESTA: O CHAMADO DA SERENIDADE

Não contei a quase ninguém que eu experimentaria o banho de floresta, também conhecido como silvoterapia. A maioria de meus amigos não se interessa por usar cristais, elevar a consciência, abraçar árvores ou fazer rituais sagrados na floresta, e eu sabia qual seria a reação deles: *O que vem em seguida? Ouvir Enya? Encontrar um xamã? Virar vegano? Usar chinelo?* Um de meus amigos, profissional de tecnologia em São Francisco, gargalhou quando lhe revelei meu plano.

Meu guia foi Todd Lynch, um cara amigável e de voz suave na casa dos 50 anos que trabalha como arquiteto paisagista e artista. Nós nos encontramos no estacionamento perto da entrada de uma floresta nos

Berkshires e partimos para o passeio. Achei Todd em um site que lista centenas de guias de silvoterapia certificados nos EUA. Eu esperava que algumas horas absorvendo a natureza mitigassem minha fala excessiva — que, se eu me forçasse a calar a boca por três horas na floresta, poderia levar o hábito para outros aspectos de minha vida.

O banho de floresta se originou no Japão, onde é chamado de *shinrin-yoku*. No início da década de 1980, ao procurarem formas de resolver o problema dos habitantes das cidades que, sobrecarregados pelo trabalho, sofriam ataques cardíacos, os médicos tiveram uma ideia: caminhadas pela floresta. Desde então, o Japão construiu centenas de trilhas especialmente designadas para a silvoterapia em todo o país. Os japoneses consideram o banho de floresta um remédio sério. O site da Organização Nacional de Turismo do Japão[5] dedica uma seção inteira à silvoterapia e aos lugares onde praticá-la — como a floresta Akasawa, onde o *shinrin-yoku* começou. O itinerário mais legal inclui uma caminhada por locais sagrados nas florestas da Península de Kii[6] e uma estada em um templo xintoísta, onde é possível passar a noite vivendo como um monge.

O Dr. Qing Li, padrinho da silvoterapia e professor de medicina no Japão, conduziu estudos nas últimas duas décadas e constatou que o banho de floresta traz benefícios comprovados para a saúde, que podem ser quantificados e medidos. Ele afirma que o banho de floresta funciona porque as árvores liberam fitoncidas, óleos naturais que as protegem de insetos e bactérias. Essas substâncias são aromáticas — pense nos cheiros de cipreste, eucalipto e pinheiro. A pesquisa de Li demonstrou que os fitoncidas fazem o corpo aumentar a produção de proteínas anticâncer e células assassinas naturais (NK), que combatem intrusos como vírus e tumores. Ele alega que um banho de floresta por mês é suficiente para manter as células NK em um nível alto.

Em um estudo, Li descobriu que as pessoas que passaram duas horas em um banho de floresta aumentaram seu tempo de sono em 15%. Elas também apresentaram níveis menores dos hormônios do estresse, cortisol e adrenalina, pressão arterial mais baixa, mais energia e menos depressão. Um estudo japonês constatou que um dia inteiro de silvoterapia "demonstrou efeitos positivos significativos na saúde mental, especialmente em pessoas propensas à depressão"[7]. Li afirma que o fitoncida D-limoneno melhora o humor de maneira mais eficaz do que os antidepressivos. "Não há remédio que tenha uma influência tão direta na saúde quanto um passeio em uma bela floresta", escreveu ele em *Forest Bathing: How Trees Can Help You Find Health and Happiness*.

A primeira regra da silvoterapia é caminhar... muito... devagar. Todd e eu provavelmente demoramos trinta minutos para percorrer apenas alguns metros na floresta. Então, nós nos sentamos em uma clareira e não fizemos quase nada, exceto ouvir os pássaros e observar as copas das árvores balançando ao vento. Não aconteceu nada de mais — mas esse é o ponto principal. Após três horas, Todd e eu fizemos uma pequena cerimônia do chá, voltamos ao estacionamento e nos despedimos. Eu não sei se houve alguma alteração em minha pressão arterial ou no número de glóbulos brancos, mas dirigi para casa me sentindo ótimo, com os sentidos aguçados. Tudo parecia um pouco mais vívido. A situação me lembrou do dia em que comecei a usar óculos e voltei para casa maravilhado com um mundo que nunca tinha visto. Eu não levei meu celular para a floresta e, ao chegar ao carro, não tive interesse em conferir se havia alguma novidade. Desliguei o rádio e fiz o trajeto de duas horas para casa em silêncio, imaginando aqueles fitoncidas percorrendo minha corrente sanguínea, fazendo a magia acontecer e produzindo novos batalhões de células NK.

Os estudos de Li, que comprovam a eficácia da silvoterapia no bem-estar físico e emocional, estão em consonância com pesquisas que mostram que o silêncio age como remédio para o cérebro[8], ajudando-o a gerar novos neurônios. Essa "neurogênese" cria maior resiliência e reduz a ansiedade em situações estressantes[9]. Essa é a boa notícia. A má notícia é que, até agora, a pesquisa se aplica apenas a camundongos, que não têm tantas células cerebrais quanto os humanos. Ainda assim, alguns cientistas acreditam que os resultados podem acarretar terapias para ajudar as pessoas que sofrem de ansiedade e não respondem bem aos antidepressivos. Em vez de Zoloft, podemos tentar uma dose supervisionada de CLBC.

A ideia de que passar tempo na natureza melhora a saúde e o bem-estar fazia todo o sentido para Edward O. Wilson, biólogo de Harvard que formulou a hipótese de que a afinidade com o ar livre e o amor pelos seres vivos foram programados em nosso DNA pela evolução e existem como partes inatas de nossa composição psicológica e fisiológica. Wilson chama isso de "biofilia", um nome derivado das palavras do grego antigo para "vida" e "amor". Ela é a razão pela qual as pessoas observam pássaros, ficam derretidas ao ver filhotinhos de coelho, viajam para o Parque Nacional de Yellowstone a fim de admirar os bisões e correm para a janela quando um cervo aparece no quintal. É por isso que caminhar pelo Muir Woods entre gigantes sequoias milenares nos tira o fôlego. Outros seres vivos, flora ou fauna, despertam algo dentro de nós.

Os monges, mestres do silêncio, vivem em média cinco anos a mais do que os homens da população geral, de acordo com Marc Luy, demógrafo em Viena que passou mais de uma década examinando registros de mosteiros na Baviera de 1890 até o presente — um esforço monástico por si só. "O silêncio é definitivamente um aspecto que reduz o fator de estresse [dos monges]", disse-me Luy. "O silêncio pode não explicar tudo, mas aquele momento em que se está sozinho, lidando apenas com a graça, a oração e os pensamentos, é uma parte importante da redução do estresse."

Na última década, a silvoterapia tornou-se um fenômeno global e um negócio em expansão. Em 2010, a Finlândia inaugurou uma "trilha florestal de bem-estar"[10]. Em toda a Europa, há as chamadas florestas de energia[11], parte de um interesse crescente no turismo de saúde ecológica. O continente europeu tem uma vantagem em relação ao poder de cura da natureza — pense naquelas cidades alemãs com águas termais cujos nomes começam com "Bad" ou na cidade de Spa, na Bélgica.

Nos EUA, o banho de floresta cresceu durante a pandemia, segundo Amos Clifford, um guia de natureza selvagem e psicoterapeuta do

Arizona que desenvolveu um programa de silvoterapia de três horas e criou uma empresa, a Association of Nature and Forest Therapy Guides and Programs (ANFT), que treina pessoas para se tornarem guias certificados da prática. Mais de 1.700 pessoas em 62 países foram certificadas pela ANFT — quase quatrocentas delas somente em 2021. Nos EUA, existem mais de mil guias certificados, incluindo médicos, pastores e psicoterapeutas.

Todos eles estão listados no site da ANFT, e a maioria tem os próprios sites, nos quais é possível agendar banhos de floresta. Também seguem o programa de silvoterapia de três horas criado por Clifford, que ele chama de "terapia florestal relacional". O psicoterapeuta acredita que muitos de nossos problemas têm origem no distanciamento da natureza e, portanto, no distanciamento de nós mesmos. Enquanto o banho de floresta japonês adota uma abordagem mais científica e se concentra nos benefícios medicinais dos fitoncidas, o programa de Clifford tem um enfoque mais psicológico.

Para alguns, a silvoterapia é apenas uma forma de relaxar na floresta. Mas outros acabam resgatando memórias e emoções intensas, passando por uma experiência mais profunda, quase transformadora. "Recebemos determinado número de pessoas que acham que é apenas uma baboseira hippie", afirmou Clifford. "Curiosamente, as mais céticas são as mais propensas a voltar do passeio chorando."

Você não precisa necessariamente contratar um guia. É possível aprender muito ao ler o livro *O Guia dos Banhos de Floresta*, escrito por Clifford, ou a obra *Forest Bathing: How Trees Can Help You Find Health and Happiness*, escrita por Qing Li e considerada a bíblia da silvoterapia. Segundo Li, nem é preciso encontrar uma floresta. Basta ir ao parque local.

CLBC E CURE SEU CÉREBRO

Dhiraj Rajaram é fundador e CEO da Mu Sigma, empresa de tecnologia multibilionária com sede em Bangalore, na Índia. Há alguns anos, ele começou a incentivar os 4 mil funcionários da empresa a fazerem pausas de 30 minutos às 10h30 e às 15h30 e passar esse tempo em silêncio, longe das mesas, computadores e smartphones. Sem mensagens de texto, verificação de e-mails ou feed do Twitter. "Não é apenas um silêncio de áudio, mas também de vídeo", afirmou Rajaram. Ele acredita que essas pausas tornam as pessoas mais criativas e ainda mais produtivas. Embora os funcionários percam uma hora de trabalho, "eles aproveitam melhor o tempo restante do dia".

A Mu Sigma depende da engenhosidade e criatividade de matemáticos e cientistas da computação que devem encontrar novas maneiras de analisar enormes quantidades de dados para que seus clientes, principalmente empresas da *Fortune* 500, possam tomar decisões melhores. Ela se descreve como "metade estúdio de design, metade laboratório de pesquisa" e chama seus analistas de "cientistas de decisão".

Engenheiro de formação, Rajaram pratica a meditação vipassana e se considera tanto filósofo quanto empresário. Ele acredita que a sobrecarga de informação está nos deixando um pouco desequilibrados. "O problema não é apenas falar demais. É ser bombardeado com tanta informação a ponto de não saber o que é ruído e o que é sinal", declarou.

As redes sociais nos forçam a criar novos "eus" e nos afastam de nossos "eus" autênticos, o que interfere em nossa criatividade. "Muitas vezes, a criatividade surge da conexão autêntica com nós mesmos", disse Rajaram. "O problema é que perdemos essa conexão. As camadas de inautenticidade impostas pela sociedade nos soterram. Estamos todos no Facebook, Instagram e LinkedIn, tentando agradar as pessoas."

A política de silêncio no trabalho de Rajaram foi suspensa quando a pandemia chegou e todos começaram a trabalhar em casa. Mas ele acredita que, agora, o silêncio e a tranquilidade são mais necessários do que nunca. À medida que o mundo fica mais barulhento, somos empurrados para uma crise iminente. "Estamos adentrando uma era em que o maior problema será a saúde mental", afirmou Rajaram.

MEDITAÇÃO COMO MEDICAÇÃO

Jack Dorsey é um dos empresários mais criativos do mundo. Ele idealizou duas das principais empresas de tecnologia dos últimos vinte anos. A primeira foi o Twitter, a rede social mais importante e influente. Para a maioria das pessoas, isso seria o bastante para uma vida, mas, alguns anos após iniciar o Twitter, o empresário cofundou a Square, que produz pequenos leitores de cartão de crédito utilizados em inúmeros lugares, e se tornou um sucesso ainda maior. Juntas, essas empresas valem mais de US$100 bilhões e, durante anos, Dorsey conseguiu encontrar tempo para ser CEO de ambas. Ainda assim, não é o bastante para a imaginação incansável dele. Agora, o empresário está entrando no mundo do Bitcoin e da tecnologia blockchain, a próxima grande tendência do setor tecnológico, e buscando novas oportunidades.

O segredo de Dorsey é saber como e quando calar a boca. Ele começa cada dia com meia hora de meditação, depois caminha 8 km para o trabalho, o que leva pouco mais de uma hora, geralmente em silêncio. Quando realmente quer se divertir, ele viaja para algum canto remoto do mundo e passa dez dias fazendo a silenciosa meditação vipassana, a mesma que Rajaram pratica. Dorsey afirmou que essa é a chave para sua criatividade.

A ciência sugere que a meditação torna as pessoas mais criativas. Mas há outros benefícios. Monges e monjas budistas que dominam essa prática têm melhor saúde mental[12], por exemplo. A meditação pode mudar a estrutura do cérebro[13] (de maneiras positivas) e retardar a atrofia da massa cinzenta à medida que envelhecemos, tornando-se uma espécie de fonte da juventude. A prática reduz a ansiedade e a depressão tanto quanto os antidepressivos e "sem as toxicidades associadas a eles", relataram médicos do Johns Hopkins[14].

Aparentemente, a meditação faz com que o cérebro entre no "modo padrão", no qual ele não tem nada para fazer, então apenas fica ocioso, procurando alguma atividade. O esforço de buscar algum tipo de estímulo ou tarefa é um treino para o cérebro[15], aprimorando as habilidades cognitivas, como a capacidade de lembrar coisas — onde o carro está estacionado naquele enorme shopping — e de pensar no futuro. Essa última habilidade pode explicar por que Dorsey continua tendo ideias inovadoras, como uma rede social em que centenas de milhões de pessoas podem acompanhar os acontecimentos do mundo em tempo real ou um sistema que permite que taxistas e pequenas empresas aceitem, em um iPad, pagamentos com cartão de crédito.

Toda vez que retorna de uma jornada em que passou dez dias praticando a meditação vipassana, Dorsey exalta essa experiência no Twitter, inspirando muitos "caras da tecnologia" a tentarem a sorte, com a esperança de que também se tornarão bilionários. A maioria não consegue aguentar e desiste após um ou dois dias[16]. É difícil abandonar os celulares e notebooks. E a meditação vipassana não é relaxante. É extremamente doloroso se sentar na posição de lótus por horas a fio, mas a dor é considerada parte do processo.

Nos EUA, há 25 lugares que oferecem retiros de vipassana, e 362 no mundo todo. Vários retiros de meditação estão surgindo, e alguns têm longas listas de espera. As "buscas de visão" estão se tornando tão populares que a revista *Inc.* as recomenda para aspirantes a empreendedores. Em parte devido ao estresse do lockdown da Covid-19, os aplicativos de meditação se tornaram um negócio bilionário[17]. Desde 2015, mais de 2.500 deles foram lançados[18]. O Calm, famoso, disponibiliza música e sons, como o da chuva caindo, e também conta histórias para dormir. Outro, o Headspace, permite que você adapte seu programa para atender a certos objetivos, como desenvolver a criatividade ou aumentar a paciência.

As pessoas estão se calando em todos os lugares — acreditando, tal como Jack Dorsey, que fazer uma pausa pode melhorar sua capacidade de lidar com o mundo.

APLICANDO AS CINCO MANEIRAS DE CLBC

Considero as Cinco Maneiras de CLBC um treino, assim como sair para correr, ir à academia ou fazer ioga. É uma prática diária. Uma vez que você adquire o hábito, fica mais fácil. Em geral, trata-se de desacelerar, falar com intenção, deixar outras pessoas se expressarem, fazer perguntas pertinentes e realmente escutar as respostas. Assim como na academia, você faz exercícios que o tornarão mais saudável e feliz.

"Quando possível, não diga nada" é a mais poderosa das Cinco Maneiras de CLBC. Escolha uma conversa específica hoje e concentre-se em identificar momentos para não dizer nada. Não é grosseria; é educação. É mais fácil fazer isso com estranhos. Resista ao desejo de puxar conversa com o garçom. Não procure saber a história de vida do motorista do Uber. Deixe o simpático barista anotar seu pedido e voltar ao trabalho. As videoconferências oferecem outra ótima oportunidade para praticar.

Reduza a conversa fiada com o jogo "Isso é uma pergunta?". Quando estiver resolvendo uma pendência ou agendando um corte de cabelo, fale apenas quando lhe fizerem uma pergunta direta e, se isso acontecer, responda da forma mais sucinta possível. Eu tenho o hábito de transformar toda situação em uma oportunidade para papear. Se estou no caixa do supermercado ou na recepção da academia, qualquer pobre alma se torna uma vítima. Também tenho o hábito de transformar um "sim" em um longo discurso sobre como e por que cheguei a alguma decisão, sendo que uma simples resposta curta bastaria. O jogo "Isso é uma pergunta?" realmente me ajudou a controlar esse impulso. Praticar em situações comuns me permitiu aplicá-lo com mais eficácia em lugares importantes, como o ambiente de trabalho.

Domine o poder da pausa, deixando o silêncio pairar nas conversas. Pode parecer estranho no início, e você sentirá uma vontade quase incontrolável de preencher esse vazio. Com o tempo, fica mais fácil. As pausas são uma parte importante das "conversas significativas e substanciais", essenciais para o bem-estar emocional e físico. Antes de falar, respire e espere alguns segundos.

Busque o silêncio e você se sentirá mais calmo, mas também revigorado, energizado e capaz de ser criativo. Duas vezes por ano, sozinho em uma cabana na floresta, Bill Gates, cofundador da Microsoft, realiza uma "Semana de Reflexão", desconectando-se de eletrônicos e lendo livros e artigos de pesquisa. Mesmo oportunidades breves — alguns minutos no trabalho sem celular, sem computador, sem música — podem recarregar sua bateria cerebral. Se você está com dificuldades para resolver um problema, levante-se, afaste-se e *não* pense mais no assunto. Faça uma caminhada. Agende um banho de floresta. Sente-se em silêncio e deixe sua mente divagar. Lembre-se dos estudos que constataram que o silêncio faz você desenvolver novas células cerebrais. Feche os olhos e sinta os neurônios ganhando vida.

Você pode sentir tédio — e, se for o caso, ótimo. Períodos de tédio são presentes do universo. Não é perder tempo, mas aproveitar uma oportunidade. O filósofo Bertrand Russell acreditava que o "tédio frutífero" é uma fonte de criatividade. "Uma geração que não pode suportar o tédio será uma geração… em que todo impulso vital murcha lentamente, como flores cortadas em um vaso", escreveu ele.

Talvez Russell tivesse razão. Pesquisadores constataram que fazer algo entediante torna as pessoas mais criativas. Eles acreditam que seja porque o cérebro, quando entediado, procura tarefas para realizar. Por se sentir insatisfeito, ele entra em modo de busca. Graças aos smartphones, podemos evitar o tédio. Há sempre uma distração. Mas essa distração é improdutiva. Nosso cérebro se ocupa com atividades inúteis, o que impede os devaneios ou os pensamentos criativos.

Outra ideia é manter um diário de conversas. As pessoas que fazem dieta mantêm um diário alimentar, no qual escrevem tudo o que comem. Os praticantes do CLBC podem fazer algo semelhante, dedicando um tempo ao final do dia para refletir sobre as conversas que tiveram. Quantas foram significativas? Quantas vezes você foi capaz de realmente escutar? Alguma conversa correu muito bem? Se sim, como você conseguiu? Anotar esses aspectos reforçará os hábitos que está tentando cultivar.

Pode parecer trabalhoso, mas ir à academia também é — e a recompensa do CLBC é mais fácil de obter do que um abdômen definido. Você se sentirá mais feliz, mais calmo, mais no controle, mais otimista e menos ansioso. E também dormirá melhor. Talvez até perceba que está menos propenso a explosões de raiva e pensamentos catastróficos.

Os benefícios físicos — novas células cerebrais, um sistema imunológico mais forte, menor probabilidade de desenvolver doenças cardíacas — não são tão aparentes, mas decidi confiar na ciência e simplesmente acreditar.

6

CLBC NO TRABALHO

Os negócios estão mudando. O trabalho está mudando. No modelo antigo, as empresas eram barulhentas. Elas compravam anúncios, inventavam slogans, bombardeavam o mundo com mensagens. Os negócios eram baseados em divulgação, ostentação, exagero e insensatez — em pular, acenar e gritar. Os funcionários agiam da mesma forma: construíam sua marca pessoal, promoviam seus talentos para o chefe e para o mundo, buscavam atenção nas redes sociais.

O novo modelo mudou essa abordagem. Em vez de enviar mensagens aos clientes e tentar persuadi-los a comprar o produto, você os escuta e descobre do que eles precisam. O desenvolvimento de produtos é baseado em iteração e colaboração, experimentos, falha rápida e aprendizado com os erros.

Em parte, essa nova forma de negócios é impulsionada pela mudança da venda de bens para a venda de serviços. No mundo baseado em bens, você criava algo e, depois, tentava encontrar clientes. Na economia de serviços, você encontra clientes e, depois, elabora soluções para os problemas deles. É um "processo invertido, a partir do cliente".

Tudo está se tornando um serviço. Softwares, capacidade computacional e armazenamento são vendidos como tal. As montadoras costumavam vender carros, mas agora percebem que já não comercializam carros, e sim transporte, algo completamente diferente. No mundo do transporte como serviço, os veículos são apenas computadores sobre rodas, e o lucro não provém do "bem em si", mas da venda de softwares e serviços, entregues pelos painéis digitais dos carros. Até mesmo a General Electric, conglomerado industrial que constrói motores a jato e turbinas eólicas, agora se intitula uma empresa de "como serviço"[1].

O serviço exige humildade, e a economia de tudo como serviço requer um novo tipo de líder. Antigamente, o chefe era um alfa que berrava ordens como um sargento da Marinha em Parris Island, um comandante em chefe que sabia todas as respostas. Agora, estamos na era de líderes humildes, discretos, que fazem muitas perguntas e se tornam exemplares — em suma, líderes CLBC. Hal Gregersen[2], diretor do Centro de Liderança do MIT, entrevistou duzentos diretores-executivos e constatou que muitos vivem no que ele chama de "bolha do CEO", onde recebem apenas boas notícias e não conseguem antecipar problemas. Mas grandes inovadores — como Steve Jobs, fundador e CEO da Apple, e Jeff Bezos, fundador e presidente da Amazon — rompem a bolha, pois sabem quando calar a boca e perguntar. Gregersen criou o Projeto 4-24, sugerindo que os líderes empresariais reservem 4 minutos a cada 24 horas[3], o equivalente a 1 dia inteiro por ano, apenas para fazer perguntas. Em um mundo impulsionado pela inteligência artificial e pelo aprendizado de máquina, no qual os sistemas são mais inteligentes do que os humanos que os executam, os líderes sabe-tudo são tão ridículos e obsoletos quanto cartões de visita e agendas de papel.

Os líderes CLBC são antenas parabólicas, não antenas transmissoras: escutam mais do que falam. Eles também sabem o suficiente para admitir o que desconhecem e prosperam ao absorver informações, adaptar-se e responder mais rápido do que seus concorrentes. A escuta inativa é a outra face da fala excessiva, e tão prejudicial quanto ela.

CLBC NO DESENVOLVIMENTO DE PRODUTOS

Ao longo da última década, muitas empresas adotaram a metodologia Lean, uma forma de projetar novos produtos totalmente baseada na escuta. A Lean usa um ciclo de construção-medida-aprendizado, no qual se constrói um "produto mínimo viável", escuta o feedback do cliente e o utiliza para criar a versão seguinte do produto. A palavra-chave é *escutar*. E a escuta é constante. No mundo da metodologia Lean, não existe produto acabado. Todos continuam a ser refinados e melhorados mesmo após o lançamento, recebendo novos recursos para se adaptarem às mudanças nas necessidades dos clientes. Tudo é um trabalho em progresso.

A Twilio, empresa de software em São Francisco, atualiza seu software toda semana. Ela se refere à escuta como "dar as caras", o que significa enviar seus engenheiros para conversar com os clientes e para observar seu trabalho. Na parede de cada sala de reuniões da Twilio, há um par de sapatos enviado por um cliente — um lembrete constante de que os funcionários precisam "calçar os sapatos do cliente".

A Bunq, empresa de *mobile banking* na Holanda, recebe muitas ideias de seu departamento de atendimento ao cliente. Os representantes desse setor resolvem os problemas dos clientes e, em seguida, informam aos desenvolvedores de software o que é preciso mudar ou adicionar. A cada poucas semanas, os desenvolvedores de software da empresa caminham até uma estação de trem local e pedem para pessoas aleatórias analisarem alguns protótipos e darem sua opinião. A Bunq atualiza seu aplicativo toda semana, geralmente fazendo de duas a três pequenas alterações e, às vezes, adicionando um novo recurso importante. O produto nunca permanece o mesmo por muito tempo.

Com a Tesla não é diferente: o carro que você comprou no mês passado não é o mesmo que está dirigindo hoje, e aquele que você dirigirá no próximo mês também não será o mesmo de agora. Isso porque ela envia constantes atualizações de software para seus veículos, adicionando novos recursos o tempo todo em vez de esperar que o novo modelo seguinte seja lançado em alguns anos. Em certo sentido, não existe um Tesla acabado. A empresa identifica os novos recursos que acrescentará ao extrair dados de seus carros e "escutar" seus clientes.

A Tesla também adota uma abordagem CLBC para marketing e publicidade — ela redireciona esse orçamento, investindo-o em pesquisa e desenvolvimento[4]. Em 2020, Elon Musk, CEO da Tesla, dispensou sua equipe de relações públicas[5], que ele considerava outro desperdício de dinheiro. Em público, Musk é uma pessoa desbocada e desagradável que tem certa obsessão por tuitar, mas alguns dizem que, nos bastidores, ele é um bom ouvinte quando se reúne com seus engenheiros para solicitar feedback e falar sobre o desenvolvimento de produtos. "Se você fizer uma pergunta séria para Elon, ele vai considerá-la. E entrará em uma espécie de transe — olhando fixamente para o nada, e você perceberá que as engrenagens de sua mente estão girando. Ele concentrará todo o seu notável intelecto na pergunta", disse Garrett Reisman, engenheiro da SpaceX[6], uma das outras empresas de Musk.

O modelo de negócios da Tesla, "nunca vender, mas sempre ouvir e sempre mudar", desafiou radicalmente a indústria automobilística, e o mesmo desafio está chegando a todos os setores: finanças, saúde, varejo. Neste mundo de constante iteração, a capacidade de ouvir os clientes e usar esse feedback é a habilidade mais crucial para o sucesso e foi o que fez de Musk a pessoa mais rica do mundo.

As mesmas habilidades interpessoais e a mesma humildade que definem a liderança no mundo dos novos negócios são necessárias em todas as funções, em todos os departamentos da empresa, desde os principais líderes até os gerentes de nível médio e os colaboradores individuais. Falar menos, ouvir mais, expressar-se com intenção e fazer boas perguntas tornaram-se cruciais para o sucesso. As habilidades técnicas eram importantes em um mundo onde se fazia um trabalho por toda a carreira, mas já não importam tanto quando é possível ter várias funções antes de se aposentar. O novo mundo gira em torno de escutar e aprender.

CLBC NAS VENDAS

As vendas costumavam ser uma competição de dominação, um espaço onde aqueles que prosperavam eram bajuladores astutos que levavam os clientes para jantar e os convenciam a comprar coisas que não queriam ou das quais não precisavam. Atualmente, nas vendas, trata-se mais de escutar do que falar. Os melhores profissionais fazem perguntas, definem problemas e elaboram maneiras de resolvê-los.

Uma empresa chamada Gong usa um software de aprendizado de máquina que analisa as chamadas de vendas para identificar o que funciona e o que não funciona. Seu software coleta milhões de horas de dados de áudio e os analisa para descobrir como os melhores representantes de vendas operam. Seus clientes utilizam essas informações para treinar novos representantes e aperfeiçoar os de baixo desempenho.

Em 2017, a Gong analisou mais de 500 mil chamadas e descobriu que as melhores taxas de fechamento ocorreram naquelas em que os representantes sabiam calar a boca e fazer perguntas em vez de optar por um discurso de vendas. Para ser preciso, os mais bem-sucedidos fizeram de onze a quatorze perguntas. Com um número menor de perguntas, não é possível se aprofundar o bastante. Com um número maior, a ligação parece um interrogatório[7].

O aprendizado de máquina da Gong também deduziu que as chamadas funcionam melhor quando as perguntas são distribuídas e o representante identifica três ou quatro problemas específicos — nem mais, nem menos — que o cliente precisa resolver. Os melhores representantes fizeram as chamadas parecerem conversas, com 54% do tempo escutando e 46% falando. Os piores falaram 72% do tempo.

Os bajuladores e manipuladores não têm sucesso na era das vendas CLBC.

CLBC NO ATENDIMENTO AO CLIENTE

A pessoa média passará 43 dias de sua vida na fila de espera[8], o equivalente a cerca de um mês e meio. Por quê? Porque as pessoas na frente dela não calam a boca. A chamada média de atendimento ao cliente dura dois minutos a mais do que o necessário segundo Myra Golden, guru da área. Todos esses minutos desperdiçados se acumulam. Golden ensina os trabalhadores de call center de grandes empresas — Coca-Cola, McDonald's, Walmart — a recuperar o tempo perdido, fazendo com que a pessoa do outro lado da linha fale menos. Para tanto, explicou ela, é preciso dominar a própria capacidade de calar a boca. É necessário resistir ao desejo de discutir com as pessoas irritadas ou conversar com as simpáticas que querem falar sobre a família e saber como você está. Ambos os tipos, os ranzinzas e os falastrões, são desperdiçadores de tempo e precisam ser forçados a calar a boca. Ao lidar com pessoas amigáveis, a regra de Golden é ser objetivo, mas educado; dar respostas breves e trazer à tona o assunto em questão; dizer o mínimo possível e não fornecer informações excessivas: "Estou bem, obrigado por perguntar. O que está acontecendo, e como posso ajudá-lo?"

Com pessoas irritadas que mentem ou exageram — "Estou esperando há meia hora!", quando, na verdade, a espera foi de quatro minutos —, não esquente a cabeça. Não entre em um debate ou em uma discussão. Se elas querem desabafar, simplesmente deixe acontecer. Golden diz que a maioria das pessoas se acalma após cerca de trinta segundos. Assim que o fizerem, assuma o controle com três perguntas breves e diretas sobre o assunto em questão. *Qual é o número do contrato de aluguel? Qual é o número da fatura? Qual é a data do acordo?* Não importa quais sejam as perguntas. Ao forçar o cliente a fazer três declarações curtas e factuais em vez de emocionais, você o ajuda a se acalmar e o ensina a calar a boca. Após adquirir o controle da conversa, você consegue resolver o problema e passar para a chamada seguinte. Essa arte é baseada em controlar as próprias emoções e falar com intenção[9] — saber quando calar a boca. A propósito, as mesmas técnicas se aplicam quando você é o cliente. Para ter uma experiência melhor, seja breve, não desabafe e saiba exatamente o que deseja. Assim, ajudará a si mesmo e todos os outros a recuperar alguns daqueles 43 dias de espera, repletos de música de fundo e irritação crescente.

CLBC COMO FERRAMENTA DE NEGOCIAÇÃO

Pausas na conversa fazem as pessoas se sentirem desconfortáveis. E não demora muito para isso acontecer. Uma equipe de pesquisadores na Holanda descobriu que leva apenas quatro segundos para elas se sentirem "angustiadas, assustadas, magoadas e rejeitadas". A angústia e o desconforto tornam o silêncio uma poderosa arma de negociação. "Sempre me surpreendo com o que alcançamos quando nos calamos, em comparação ao que acontece se não fazemos isso", afirmou Gavin Presman, consultor de vendas e negociação em Londres.

Ele me contou sobre um executivo de um conglomerado italiano que estava tentando persuadir um xeique dos Emirados Árabes Unidos a conferir à sua empresa acesso exclusivo ao mercado local. Nas palavras de Presman: "O executivo italiano chegou e disse: 'Este é o acordo.' E o xeique respondeu: 'Não achei adequado.' O empresário se manteve calado, só esperando, por *25 minutos*. A situação beirava o insuportável, mas ele se forçou a permanecer quieto, transparecendo calma. Finalmente, o outro cedeu: 'Ok. Vamos fechar o negócio.'"

Dominar o poder da pausa também pode garantir um salário melhor. Na verdade, ao negociar a remuneração, o maior erro que os candidatos a um emprego cometem é "não saber calar a boca", declarou Katie Donovan, que administra uma consultoria em Boston chamada Equal Pay Negotiations, cuja missão é impedir que as pessoas, principalmente as mulheres, sejam subvalorizadas. Grande parte do treinamento de Donovan envolve ensinar os candidatos a adquirir disciplina para usar o silêncio e obter vantagem nas negociações. Não é fácil, pois a maioria das pessoas acha que pausas longas são estranhas e desconfortáveis.

"Nós detestamos o silêncio. Sentimos que há necessidade de preenchê-lo", disse-me Donovan durante um jantar no bairro Seaport, em Boston. Mas, nesse caso, ceder significa perder. As pessoas acabam se autossabotando na negociação. Donovan descreveu um cenário comum: o recrutador faz uma oferta e se mantém calado. O candidato fica desapontado com a proposta, mas, então, devido ao nervosismo desencadeado pelo silêncio, começa a inventar razões para aceitá-la. As pessoas começam a fazer o trabalho do recrutador, listando todas as razões pelas quais devem aceitar a oferta baixa: *o trajeto é melhor. Há espaço para crescimento, uma chance de aprender novas habilidades. Melhorará meu currículo.* "Isso acontece todos os dias da semana", afirmou Donovan. "Ensino os outros a não se autossabotarem. É o principal problema que eles resolvem quando aprendem a calar a boca."

Donovan deu um exemplo de como obter o que se merece. No início de sua carreira, ela recebeu uma proposta de emprego e estava negociando o salário. O vice-presidente responsável pela contratação usou um truque de negociação comum, no qual se cria urgência ao estabelecer um prazo. Ele marcou a reunião às 16h de uma sexta-feira — uma estratégia clássica do RH para colocar pressão nos candidatos — e fez uma oferta, mas acrescentou "preciso de uma resposta hoje". Donovan disse que analisaria a oferta e daria uma resposta na semana seguinte. Então — aqui está o segredo —, ela não se levantou. Apenas permaneceu sentada. A pausa se tornou desconfortável. Donovan se manteve firme. Finalmente, o VP cedeu, aumentando a oferta, mas reiterou que gostaria de uma resposta imediata. "Agradeço", declarou ela. "Vou pensar e lhe dou uma resposta semana que vem." Então, mais uma vez, ela ficou em silêncio. Ele saiu do escritório. Poucos minutos depois, voltou com uma oferta melhor — 20% acima da original.

Donovan aceitou o emprego. "Se você deseja algo, consiga em silêncio. É assim que você obtém o resultado necessário", afirmou.

APRENDA COM STEVE JOBS

Se você quer assistir a uma aula sobre como fazer uma apresentação, acesse o YouTube e procure o evento de 2007 em que Steve Jobs, CEO da Apple, apresentou o iPhone, o produto mais importante da história da empresa. Muitos palestrantes sobem ao palco com uma música animada ao fundo, como se fossem apresentadores de programas de TV, distribuindo largos sorrisos e acenando, na tentativa de entusiasmar o público. No vídeo em questão, Jobs faz o contrário. Chega em silêncio. Não há música. O auditório está tão quieto que dá para ouvir seus tênis da New Balance tocarem o palco a cada passo. Ele não sorri. Nem sequer olha para a plateia. Apenas fita suas mãos, como um monge meditando, perdido nos pensamentos. Ele dá oito passos, demorando oito segundos. Em seguida, dirige-se à plateia e profere uma frase: "Este é um dia", diz, fazendo uma pausa, "que esperei", outra pausa, "por dois anos e meio".

Então, Jobs para novamente por seis segundos.

E você fica hipnotizado. Não consegue desviar o olhar. E absorve cada palavra dele.

Jobs ensaiava suas apresentações obsessivamente, praticando cada passo e gesto e prestando tanta atenção às pausas entre as palavras quanto às palavras em si. O mais interessante é que ele era diferente da persona no palco. Fora dali, era impulsivo, barulhento, explosivo, irritável. Mas dominava a arte da pausa ao ministrar uma palestra. E você pode fazer o mesmo.

Mesmo que seja apenas uma apresentação em PowerPoint para algumas pessoas no trabalho, insira alguns segundos de CLBC. Não é fácil. Contraria nossa natureza. Assim que você olha para as pessoas sentadas à sua frente, sua pressão arterial e sua frequência cardíaca aumentam. Seu corpo começa a produzir adrenalina. Seu cérebro quer que você diga algo, qualquer coisa. Mas não obedeça. Espere alguns segundos. Não precisam ser oito, como Jobs fez, mas é necessário que as pessoas percebam o vazio para se concentrarem em você. Dessa forma, elas escutarão e lembrarão suas palavras.

Jobs entendia que falar bem significa falar menos. Ele era um editor implacável, sempre tentava transmitir suas ideias com o mínimo de palavras possível. Ele também entendia que as pausas entre as palavras são tão importantes quanto as próprias palavras.

A FALA EXCESSIVA DESTRÓI CARREIRAS

Uma amiga minha teve onze empregos nos últimos quinze anos. Um deles durou cinco meses. Outro durou oito. Ela fez um MBA em uma universidade excelente. Mas é uma faladora impulsiva, e seus colegas a acham desagradável. Certa vez, ela estava conversando com alguns companheiros de trabalho, e o assunto era o molho sriracha e todas as maneiras interessantes de usá-lo.

"Mas sabe para que *não se deve* usar sriracha?", perguntou um cara.

"Masturbação?", soltou Robin.

Silêncio absoluto. Ninguém riu. Em menos de um ano, ela mudou de emprego. Claro, não foi por causa da piada do sriracha, mas provavelmente porque houve vários comentários desse tipo. Os faladores impulsivos tendem a ser muito inteligentes e pensar rápido, mas são precipitados e não têm filtro. Seu cérebro gera uma ideia e *zum* — ela sai voando! Mesmo quando sabem que um comentário é inadequado, eles não conseguem resistir. Com o tempo, essas observações incômodas e descabidas acabam se acumulando.

As pessoas que não conseguem calar a boca no local de trabalho são odiadas por seus colegas, que esperam ansiosamente pelos dias em que o falastrão não aparecerá no escritório. Essa foi a conclusão da dissertação de Jason Axsom, pós-graduado da Universidade de Nebraska. As pessoas "celebram esses dias de liberdade e comentam umas com as outras como o escritório fica calmo durante a ausência do falador compulsivo". Em todos os empregos que já teve, Axsom disse que havia pelo menos uma pessoa assim que incomodava os outros. Ele acreditava que o problema era generalizado e esperava que, se percebessem o sofrimento infligido aos outros, os falastrões pudessem ser motivados a mudar.

"Achei que pudéssemos auxiliar os faladores compulsivos, que, talvez, ao entendê-los, conseguíssemos treiná-los e guiá-los a fim de que obtivessem ajuda para seu comportamento", afirmou Axsom. "Se demonstrássemos como essa atitude pode ser prejudicial para a carreira deles, então as soluções surgiriam." Infelizmente, não há um programa terapêutico para falastrões, que continuam a vagar pelo mundo corporativo, causando sofrimento e perda de produtividade.

A dissertação de Axsom foi baixada quase 2 mil vezes[10], um número extraordinário para um trabalho de pós-graduação, indicando quantas pessoas buscam maneiras de lidar com falastrões no local de trabalho sem precisar cortar as línguas deles. Para a pesquisa, Axsom entrevistou quinze pessoas que trabalhavam nos setores de marketing, bancos, ensino, contabilidade, publicidade e vendas de varejo. Alguns dos entrevistados eram executivos de alto escalão; outros, funcionários registrados. Alguns trabalhavam em empresas da Fortune 500; outros, em pequenas companhias. Um deles era professor. Todos descreveram colegas que vagavam pelos corredores em busca de novas vítimas, como zumbis caçando cérebros frescos. Esses colegas *talkaholics* repetiam as histórias. Deixavam a situação desconfortável ao compartilharem detalhes demais, e não apenas sobre si mesmos, mas também sobre amigos, parentes e estranhos. Não havia limites. Esses faladores compulsivos não conseguiam entender os sinais. Seus colegas de trabalho podiam abrir o notebook e começar a digitar, mas o *talkaholic* continuava falando.

Muitas vezes, constatou Axsom, os *talkaholics* causam uma boa primeira impressão. São sociáveis e divertidos. Gostam de fazer apresentações e são ótimos contadores de histórias. Afinal, praticaram mais do que a maioria das pessoas. "O padrão que notei em todos os sujeitos foi que, no início, eles parecem muito simpáticos", declarou Axsom. "E são considerados competentes e inteligentes. Mas, com o tempo, as histórias começam a se repetir, e a produtividade das pessoas diminui. Elas perdem a paciência e mudam de opinião, deixando de considerá-los amigáveis e percebendo-os como menos inteligentes."

Portanto, faladores compulsivos têm menos chances de ser promovidos: "O comportamento compulsivo acabará prendendo os falastrões em seu cargo atual, sem a oportunidade de avançar", escreveu Axsom. Eles se tornam párias. Mesmo as pessoas que gostavam deles passam a evitá-los. Os colegas inventam reuniões falsas, correm na direção oposta e pedem para mudar de lugar.

O trágico é que alguns *talkaholics* se recusam a mudar. Axsom contou a história de um homem que foi promovido para gerenciar uma equipe de cinco pessoas. Ele era talentoso, mas também era um tagarela. Conversava constantemente com sua equipe, divagando sobre qualquer assunto que pairasse em sua mente. Considerava-se um bom chefe. A equipe, por sua vez, queria arremessá-lo do telhado do prédio. As pessoas passavam tanto tempo suportando os monólogos dele que não conseguiam fazer seu trabalho. Algumas ficavam tão frustradas que procuravam novos empregos. Finalmente, elas reclamaram com a administração, e o tagarela precisou fazer uma escolha: aprender a calar a boca ou perder o cargo de gerente. O mais surpreendente é que *ele escolheu o rebaixamento*. O vício da fala era tão grave que, em vez de obter ajuda para tratá-lo, ele arruinou sua carreira.

Na dissertação de Axsom, o que mais se destaca é o tom de desespero e sofrimento dos entrevistados. Muitos transformaram suas entrevistas em sessões de terapia. "As pessoas estavam muito ansiosas para falar. Desabafaram por mais de uma hora, abrindo o coração", lembrou Axsom. Elas descreveram que se sentiam presas, incapazes de escapar de seu algoz. Algumas rezavam para que o falastrão fosse demitido ou consideravam se demitir apenas para se afastar dele. "Por favor, leve-o embora", implorou uma mulher. Axsom ficou impressionado com a profundidade das reações: "De certa forma, eu me senti mal, pois elas pediam ajuda, mas eu não tinha uma solução. Ainda não tenho."

CLBC NAS REUNIÕES

Existem dois tipos de pessoas: as que gostam de reuniões e as que são sensatas. No momento, o primeiro tipo prevalece.

Os norte-americanos sofrem com mais de 11 milhões de reuniões por dia, mais de 1 bilhão por ano. Apenas 11% delas são produtivas. Um estudo constatou que o trabalhador médio participa de 62 reuniões por mês, e os participantes alegaram que metade delas era uma completa perda de tempo, enquanto 39% deles admitiram ter *dormido* durante esses eventos[11]. O problema só piora: o tempo que as pessoas passam em reuniões tem aumentado de 8% a 10% a cada ano desde 2020[12]. As reuniões individuais aumentaram 500% nos últimos 2 anos e, não por coincidência, a jornada média de trabalho aumentou 1,4 hora. Agora, estamos com uma média de 44,6 horas de trabalho por semana[13].

Isso é loucura. As reuniões propiciam uma das maiores oportunidade de aplicar o CLBC no local de trabalho. A seguir, apresento algumas sugestões.

Mantenha poucos participantes. O valor de uma reunião diminui à medida que o número de participantes aumenta. A Amazon segue uma política chamada "regra das duas pizzas", o que significa que, se mais de duas pizzas forem necessárias para alimentar todos na reunião, há pessoas demais. O ideal é cerca de dez participantes, no máximo.

Se você for convidado para uma grande reunião, faça o possível para evitá-la. Se não puder, pelo menos resista ao desejo de contribuir para o falatório inútil[14]. E não hesite em se retirar. "Abandone uma reunião ou finalize uma chamada assim que perceber que você não tem nada de valioso a acrescentar", aconselhou Elon Musk. "Sair não é falta de educação, mas desperdiçar o tempo de alguém, sim."

Mantenha as reuniões breves. Muitos de nós optamos por reuniões de trinta minutos, mas a duração ideal é de quinze minutos. Nos primeiros 15 minutos, 91% das pessoas prestam atenção[15], mas essa porcentagem cai à medida que o evento se prolonga.

Apenas diga "não". Só porque você foi convidado para uma reunião em grupo, não significa que precisa participar. É necessário coragem para recusar, no entanto, acrescentar uma explicação — "Estou ocupado, mas ouvirei a gravação mais tarde" — pode livrá-lo do compromisso.

Aplique o método da reflexão. Antes de se expressar em uma reunião, reflita: *Por que estou falando?* Você também pode se perguntar:

- *Qual é o propósito do meu comentário?*

- *Contribuirei para o progresso da conversa?*

- *Estou respondendo a pergunta de alguém?*

- *O que quero dizer é importante?*

- *É o momento e o lugar certo para trazer esse assunto à tona?*

- *Estou expressando uma opinião ou um fato?*

- *Já pensei o suficiente sobre o assunto?*

- *Consigo me expressar de forma concisa?*

- *É minha vez de falar?*

- *Sou a pessoa mais adequada para abordar esse assunto ou devo encorajar outro participante a falar?*

- *Alguém já disse isso?*

- *Estou falando por acreditar que sou obrigado?*

- *Estou tentando impressionar as pessoas?*

- *Se eu não expressar esse pensamento, fará diferença?*

Poucos comentários passam no teste da reflexão, o que significa que você ficará muito tempo sem dizer nada nas reuniões. O truque é não se distrair. Certifique-se de prestar atenção em quem está falando. Concentre-se na conversa. Faça anotações. Sorria. Sinalize concordância. Use a linguagem corporal e as expressões faciais para mostrar às pessoas (ou fingir) que está engajado.

Passe a bola rapidamente. Jogadores de futebol profissionais mantêm a bola em movimento. É possível fazer o mesmo em uma reunião. "Receba a bola", reconhecendo o que a pessoa antes de você disse. Em seguida, acrescente um comentário breve — não seja um jogador fominha — e passe a bola para um colega de equipe.

Envie um e-mail. A queixa mais comum das pessoas é que determinada reunião poderia ter sido um e-mail[16]. Você realmente precisa fazer uma videoconferência para obter feedback sobre um documento ou atualizar os outros sobre uma situação? Muitas dessas informações podem ser transmitidas por e-mail ou mensagem de grupo.

COMO SILENCIAR UM FALASTRÃO

Após dominar a arte do CLBC em situações de trabalho, surge um novo problema: você começa a não suportar outros falastrões.

Então, é preciso uma nova habilidade — fazer as pessoas calarem a boca. Um estudo recente de psicologia da Harvard constatou que quase dois terços das conversas duram mais do que um dos participantes deseja[17]. Ao se tornar o mestre do CLBC, você será a pessoa que está doida para cair fora.

E como fazer isso? Pesquisadores de comunicação sugerem o uso de "rituais de encerramento" e "truques verbais", como "Foi ótimo conversar com você", "Tenho uma ligação às 15h", ou pistas mais sutis, como "Enfim…". Você também pode deixar claro que não está prestando atenção: "Aham. Sim. Entendi." Mas essas técnicas são táticas e pressupõem que você está falando com uma pessoa comum. Com falastrões crônicos, você enfrenta um inimigo mais poderoso e deve recorrer a uma das seguintes medidas drásticas:

O ataque furtivo. É um pouco egoísta de minha parte, mas basta deixar uma cópia deste livro na mesa do falastrão com esta página marcada. E/ou: faça o mesmo com a dissertação de Jason Axsom sobre como os falastrões são percebidos no local de trabalho.

Fuja. Ao se deparar com um narcisista conversacional, fugir pode ser a única opção. Você pode tentar intervenções simples, mas, se elas falharem, invente uma desculpa para se afastar. Finja que seu celular está tocando e que precisa atender a ligação. Ou nem se incomode em ser educado. "Desculpe, tenho que ir" funciona bem. Não há problema em ser grosseiro. O falastrão está sendo egoísta e merece essa reação. Além disso, ele provavelmente está tão concentrado em si mesmo que nem perceberá. Se perceber, talvez isso o ajude a mudar.

Use a linguagem corporal. Dê um passo para trás. Vire um pouco o corpo. Evite contato visual. Olhe para o celular. Se você está lidando com um falastrão moderado, ele provavelmente entenderá a dica. Do contrário, intensifique a estratégia. Imagine que você é um boxeador. Não vai querer ficar encurralado nas cordas. É preciso continuar se movendo. Guie o adversário na direção pretendida e vá se afastando.

Interrompa. Use o mesmo tipo de linguagem corporal que você usaria para deter um interruptor — erga a mão e levante o dedo indicador.

Desacelere. Ao lidar com um falador ansioso, que pode não ter habilidades sociais e que fala para se acalmar, imagine-se como um ajudante, e não como um inimigo. Tranquilize-o falando devagar. Use uma voz suave. Reconheça o que ele disse e, em seguida, oriente-o para uma direção diferente. Não se trata de parar completamente a fala, mas de diminuir a velocidade. "Que interessante." Pause. "Sabe, queria perguntar algo para você." Assim, você assume o controle da conversa e pode induzi-lo a seguir sua cadência. Faça uma pergunta que exija reflexão. "Li uma matéria sobre como as pessoas estão saindo das cidades devido ao trabalho remoto. Lugares como Bozeman, em Montana, estão crescendo. Eu estava pensando: 'para onde me mudaria se tivesse a oportunidade?' Você já pensou nisso?"

Estabeleça limites logo no início. Essa estratégia funciona bem com o temido companheiro de avião que fala durante todo o voo de seis horas, se você permitir. É importante cortá-lo imediatamente. "Preciso dormir um pouco." Ou: "Desculpe. Tenho muito trabalho para terminar antes de pousarmos."

Adie a interrupção. Essa é uma forma de evitar que um falastrão monopolize a conversa em reuniões de trabalho. Comece definindo o tópico de discussão. Se ele disser algo impertinente, responda: "Vamos deixar para depois." É melhor do que mandá-lo calar a boca, mas significa a mesma coisa.

Converse com o falastrão. Se ele for seu amigo ou um parente com um problema crônico, as intervenções situacionais não serão o bastante. Você precisa de uma solução permanente. Sente-se em particular e, com uma voz calma, sem irritação, explique o problema e ofereça ajuda. Há a chance de o falastrão querer mudar. Há, também, a chance de ele ficar ofendido e nunca mais falar com você. Nesse caso, problema resolvido.

Invente um sinal. Uma amiga minha criou um sinal com o marido *talkaholic* para ajudá-lo em situações de grupo: quando ele começava a falar demais, ela colocava gentilmente a mão sobre a dele. Eu adoro essa técnica. Ela não o envergonhava ou chamava a atenção para sua fala excessiva. Em vez disso, oferecia um gesto de afeto.

CLBC COMO MARCA PESSOAL

Há dez anos, o cofundador de uma empresa de software me disse que media o valor das pessoas pelo número de seguidores no Twitter. Sem dúvida, parecia ridículo. A maioria dos CEOs de empresas da Fortune 500 não estava no Twitter. Como ele classificaria o valor deles? Zero? Mas seus funcionários o levaram a sério e se transformaram em exibicionistas, postando no Twitter e no Facebook, tentando construir suas marcas. Ao longo de 4 anos, o diretor de marketing produziu 225 episódios de um podcast de vídeo que ninguém assistiu e, então, lançou um podcast de áudio que, após 6 anos, chegou a ser o 9.090º mais popular do mundo. A gerente de mídia social disparava 1 tuíte por hora, 24 horas por dia — o sol nunca se punha em seu império. Uma das equipes de atendimento ao cliente fazia vídeos de paródia em que colocava as próprias letras em músicas de hip-hop, cantando sobre a vida descolada das startups.

Fomos convencidos de que precisamos ter uma marca pessoal. Em um mundo onde se muda de emprego a cada poucos anos, até que faz sentido. Mas estamos fazendo tudo errado. Tentamos nos destacar do barulho, mas apenas aumentamos seu nível geral.

Sugiro uma nova ideia. Em um mundo onde todos fazem barulho, a melhor forma de se destacar pode ser calando a boca. Construa uma marca em torno da competência silenciosa e das realizações reais. Seja seguro e tenha confiança suficiente em suas habilidades para que não precise correr desesperadamente atrás de atenção no Twitter.

Há um "diretor evangelista digital" de uma grande empresa de software que, às vezes, publica mais de cem tuítes em um único dia. Nada do que ele posta tem a ver com sua empresa ou com a indústria de software. São apenas baboseiras insípidas e superficiais: citações de pessoas famosas, vídeos de animais fofos, coisas sobre robôs, listas de atributos necessários para ser bem-sucedido e as próprias pérolas de pseudo-sabedoria, como "Você não é seu trabalho" e "Pessoas inteligentes usam linguagem simples". É um *BuzzFeed* ambulante, despejando um fluxo interminável de esgoto cerebral na boca faminta do twitterverso. Ele dispara os mesmos tuítes repetidas vezes, provavelmente usando uma ferramenta de automação. Retuíta as próprias publicações. Tem quase 600 mil seguidores e se intitula uma "celebridade do Twitter". Nos últimos seis anos, ele e outro viciado em tuitar, um homem que se descreve como "palestrante, futurista e provocador", produziram mais de 250 episódios de um programa do YouTube. Um dos recentes teve 8 visualizações; outro, 22[18].

Essa busca desesperada por atenção está começando a parecer ridícula e ultrapassada — assim como aqueles escritórios de startups com mesas de pingue-pongue, decoração excêntrica e lanches gratuitos que estavam na moda há uma década. Até certo ponto, fomos iludidos pela Síndrome do Objeto Brilhante. A internet proporcionou novas maneiras de nos exibirmos, e decidimos que deveríamos aproveitá-las. Quanto mais falávamos, em todos os lugares possíveis, melhor. Ou assim pensávamos.

Líderes humildes superam seus homólogos exibicionistas. Um estudo que acompanhou 120 equipes de 495 funcionários descobriu que as melhores delas tinham "líderes que demonstram humildade — por meio de autoconsciência, elogios aos pontos fortes e às contribuições alheias e abertura ao feedback". Líderes humildes criam equipes que têm 75% menos estresse[19], 50% mais produtividade e 40% menos burnout. As empresas estão abandonando o conceito de um líder carismático e à procura de atenção, que anseia pelos holofotes, e estão adotando a ideia de liderança como uma busca discreta e humilde.

Os líderes CLBC inspiram as empresas CLBC, pois seu exemplo é passado para os demais níveis da hierarquia. Pessoas implacáveis que se autopromovem saíram de moda. Pessoas que admitem não ter uma resposta e que dão crédito aos outros estão em alta. A humildade tornou-se uma habilidade tão procurada que é avaliada em testes de personalidade aplicados pelos recrutadores. A Patagonia, empresa de roupas famosa por sua ótima cultura corporativa, busca humildade nos candidatos de emprego. O mesmo acontece com a Taj Hotels, rede global de hotéis de luxo com sede em Mumbai[20].

Em breve, lembraremos os últimos quinze anos como uma insensatez, um período em que o local de trabalho perdeu temporariamente o juízo. Se você quiser chamar a atenção de seus gerentes e melhorar suas chances de ser promovido, seja silenciosamente competente. Seja humilde. É uma qualidade rara nos dias de hoje.

Seja a pessoa da equipe que sabe calar a boca.

7

CLBC EM CASA

Minha filha estava surtando, pois tinha um trabalho de inglês para entregar em dois dias e não sabia o que escrever sobre aqueles poemas. Receberia um zero, reprovaria na disciplina, arruinaria seu vestibular e não conseguiria entrar na faculdade.

Ela tinha 16 anos e estava no penúltimo ano do ensino médio. Eu queria resolver o problema. Queria lhe explicar como fazer a tarefa. Mas sempre agi assim. E adivinha? Nunca funcionou. Quanto mais eu tentava ajudar, mais chateada ela ficava.

Então, dessa vez, tentei algo diferente: sentei-me e calei a boca. Eu disse a mim mesmo para apenas escutá-la e confiar que ela resolveria o problema. Foi angustiante. Ela adentrou o Ciclo da Ansiedade e, quanto mais falava, pior ficava. O falastrão em mim implorava para sair da jaula. Mas eu me mantive firme.

Finalmente, minha filha percebeu que eu estava quieto e questionou: "O que você está fazendo? Por que está só sentado aí?"

"Estou escutando", respondi.

"Você não está escutando. Está olhando para o celular."

"Não estou", repliquei, apontando para meu telefone, que eu havia deixado em outra mesa, fora de alcance.

"Está me ignorando."

"Se quisesse ignorar você, eu sairia daqui."

"Bem, você não está me ajudando, então acho que não se importa", afirmou.

"Eu sei que você está se sentindo mal", declarei.

"É, nem me fale."

Ela riu. Eu também.

Aos poucos, minha filha se acalmou. O Ciclo da Ansiedade começou a desacelerar. E, então, ela falou sobre o verdadeiro problema, que não era o trabalho de inglês. O verdadeiro problema era que ela tinha 16 anos, e a idade adulta estava se aproximando rápido demais; assim como a maioria dos jovens da sua idade, ela temia não estar pronta. Minha filha estava prestes a fazer o vestibular. Estava assustada — não só com a possibilidade de não entrar na faculdade, mas também de não ser capaz de lidar com a situação, caso entrasse.

Logo além desse horizonte paira o vasto desconhecido da idade adulta, e é um pouco aterrorizante. Você passa a infância toda dizendo que mal pode esperar para crescer e ser independente, mas então se vê parado na soleira da porta e, de repente, não tem tanta certeza, porém, é tarde demais. Pronto ou não, você não pode voltar atrás. E ninguém está realmente pronto.

Não era algo que eu pudesse resolver, mas minha filha não queria que eu resolvesse. Ela só precisava ter certeza de que não havia problema em sentir medo e que, independentemente do que acontecesse em sua vida, ela conseguiria lidar com isso e, o mais importante, não teria que enfrentar tudo sozinha.

CLBC: NÃO SE TRATA APENAS DE VOCÊ

O verdadeiro superpoder do CLBC é que, além de se ajudar, você ajuda outras pessoas. Melhora a vida *delas*. *Deixa-as* mais felizes. No CLBC, trata-se de construir relacionamentos interpessoais mais sólidos e saudáveis com todos ao redor.

Assim como aconteceu comigo, talvez, de início, você apenas espere controlar sua fala compulsiva e evitar calamidades. Então, percebe que pode obter vantagens se conseguir calar a boca. É possível ter mais sucesso nas negociações e, talvez, tornar-se um pouco mais feliz, saudável e inteligente. São ótimos resultados. Mas o nível seguinte é usar o CLBC para ajudar seus filhos a se tornarem adultos bem-sucedidos e capazes de resolver os próprios problemas e de tomar boas decisões, ou para confortar um amigo ou parente que está passando por uma situação difícil.

Momentos como o que tive com minha filha desencadeiam uma forma mais profunda de comunicação e constroem uma conexão mais forte. Você não fala muito, mas não é passivo. Envolve-se no que os pesquisadores chamam de "silêncio ativo", que, às vezes, pode transmitir mais informações do que qualquer quantidade de palavras.

No que se refere às relações interpessoais, o CLBC se enquadra em duas categorias: estratégica e tática. Conversas estratégicas são como a que tive com minha filha, nelas, aborda-se questões mais profundas e de longo prazo. Conversas táticas acontecem quando se tenta resolver o problema em questão. Por exemplo, às vezes você *quer* ajudar seu filho a descobrir como fazer determinada tarefa. Meu filho é introvertido, tal como a mãe. Porém, se eu fizer perguntas abertas sem interrompê-lo — resistindo ao desejo de expor minha opinião e, em vez disso, apenas reiterar suas palavras —, ele se sente mais à vontade.

"O que você anda fazendo?", questionei em uma manhã de terça-feira enquanto o levava para a escola.

Ele murmurou que precisava escrever uma redação, mas que o rascunho estava péssimo.

Meu antigo eu teria dado dicas e estratégias para realizar a tarefa. Mas meu novo eu apenas perguntou: "Qual é o tema?", deixando-o se expressar.

Meu filho passou vinte minutos explicando algo chamado "hipótese da dispersão agricultura/linguagem", uma teoria que sugere que as famílias linguísticas se expandiram em conjunto com a agricultura. Fiz algumas perguntas, considerando que, ao explicar para mim, ele descobriria como desenvolver o tema na redação. No momento em que o deixei na escola, meu filho havia resolvido seu problema.

Parecia que eu não tinha feito nada, pois quase não falei. Mas o silêncio ativo requer esforço. Meu silêncio deu espaço para que ele identificasse a solução por conta própria.

Algumas conversas táticas evoluem para conversas estratégicas. Fazer uma pessoa falar sem interrompê-la possibilita o aprofundamento do diálogo e a abordagem de questões mais complexas e importantes. Resista ao desejo de oferecer conselhos. Se você já teve uma experiência semelhante e acha que pode ser útil, sugira contá-la, mas não a imponha. Deixe a pessoa perguntar. Se ela não o fizer, recue.

Nada disso é natural para mim. Na maior parte de minha vida, fiz tudo errado. Eu me envergonho quando assisto a antigos vídeos caseiros: tudo o que vejo é um pai deixando seus filhos tensos e agitados. Durante a maior parte da vida deles, eu fui o pai que dava sermões e contava histórias, pulando de um assunto para outro até me perder e questionar: "Calma, do que nós estávamos falando?"

Bem, *nós* não estávamos falando de nada.

A maioria cai na armadilha de falar demais com os filhos; de se intrometer em vez de recuar. Mas as pesquisas sugerem que a parentalidade silenciosa funciona melhor. Você não precisa ter uma opinião sobre tudo. Mesmo que tenha, não precisa expressá-la. Também não precisa saber todas as respostas. E sejamos honestos: *não* sabemos.

Desligue o sabre de luz e você se tornará mais forte do que pode imaginar. Atreva-se a usar as três palavras parentais mais poderosas: *Eu não sei.*

O GENITOR CLBC

Você já ouviu falar dos "pais-escavadeira", que eliminam qualquer obstáculo para os filhos, e dos "pais-helicóptero", que pairam sobre a prole para garantir que nada dê errado. Há também as "mães-tigre", que nunca deixam as crianças sozinhas e as pressionam constantemente para fazer a lição de casa e praticar violino quarenta horas por dia.

Proponho que criemos um novo tipo: o genitor CLBC.

Não muito tempo atrás, os genitores CLBC eram a norma. Os pais viviam atarefados, com inúmeras coisas para resolver. Ou talvez só quisessem sentar na sala para beber martinis e ler o jornal. Ninguém se sentia obrigado a manter os filhos ocupados ou entretidos, organizando e preenchendo os horários deles. O uso amplo da palavra *parentalidade*[1] e sua inclusão no dicionário ainda são recentes. Antes disso, *pai* e *mãe* eram meras *designações*, não um *estado* ou uma *condição*.

Mas, então, a parentalidade se tornou uma tendência. Na Amazon, existem mais de 60 mil livros sobre o assunto. E há algo ainda pior: a *parentalidade intensiva.* Aulas de piano, natação, futebol, karatê, excursões, Kumon, Khan Academy. Em Boston, onde moro, pais insanos — minha esposa e eu já estivemos entre eles — matriculam os filhos em aulas noturnas oferecidas pela Escola Russa de Matemática, também conhecida como Matemática Russa. É um exagero. Todos nós sabemos disso. Mas, como pais, temos medo de ir *contra* o fluxo. O mundo se tornou mais competitivo. A lacuna entre os ricos e os desfavorecidos é maior do que nunca. Receamos que nossos filhos acabem do lado mais difícil dessa divisão[2].

Mas, ao tentar ajudá-los, nós os atrapalhamos. Impedimos o desenvolvimento de habilidades importantes e necessárias à vida adulta — resolver problemas, inovar e fazer descobertas. Em vez de prepará-los, estamos prejudicando e privando nossos filhos da oportunidade de crescer e aprender por conta própria.

Também estamos atrapalhando sua capacidade criativa. Desde 1990, a criatividade das crianças norte-americanas tem caído drasticamente, a ponto de desencadear uma "crise de criatividade", segundo Kyung Hee Kim, professora da faculdade William & Mary. Estamos submetendo nossos filhos a um sistema educacional que se preocupa apenas em treiná-los para um bom desempenho em testes padronizados[37], uma mudança que "reduziu o tempo de brincadeira das crianças, suprimindo a imaginação e dificultando o pensamento e a exploração profunda de conceitos", explicou Kim. No entanto, a criatividade é a habilidade mais importante que elas precisam desenvolver para o futuro. É a única qualidade que os robôs e o aprendizado de máquina não podem substituir.

A INSUSTENTÁVEL INUTILIDADE DO ESBRAVEJAR

Podemos aprender uma lição com as culturas indígenas, nas quais, segundo Michaeleen Doucleff, repórter de ciência da National Public Radio, os pais nunca perderam o contato com a abordagem de "não interferência", o que propicia uma situação melhor para seus filhos. Nossas crianças estão crescendo em um tipo de mundo distinto e têm metas e expectativas diferentes, mas Doucleff acredita que podemos aprender com as famílias maias do México, as inuítes acima do Círculo Polar Ártico e as hadzas da Tanzânia, com as quais ela passou um período. Seus filhos são mais felizes e comportados. Os pais são calmos, descontraídos e eficazes. Eles não recorrem à pressão, à barganha ou à gritaria. Apenas evitam dizer aos filhos o que fazer e não os elogiam o tempo todo[4].

"Da próxima vez que seu filho se comportar mal, dê meia-volta e vá embora", aconselha Doucleff em *A Arte Perdida de Educar: O que as culturas ancestrais nos ensinam sobre a criação de seres humanos felizes*[5]. "O mesmo vale para discussões e disputas de poder. Se os ânimos se exaltarem, feche a boca e saia." Discutir com as crianças as ensina a gostar de discutir. Não barganhe. Não levante a voz. "Quando sentir vontade de lhes 'ensinar uma lição', pule essa etapa. Cubra a boca com fita adesiva. Do contrário, o propósito bem-intencionado se dissipará, e a criança guardará sentimentos residuais de inutilidade", instrui a educadora de primeira infância Vicki Hoefle em *Duct Tape Parenting*[6], seu manifesto e guia prático para aplicar a fala comedida como habilidade parental.

O PROFESSOR CLBC

De acordo com Mary Dickinson Bird, professora de educação da Universidade do Maine que treinava futuros professores do ensino fundamental, "o silêncio na sala de aula ajuda os alunos a obter uma compreensão mais profunda e poderosa de um assunto". Inspirada por um antigo provérbio da Nova Inglaterra — "Fale menos, diga mais" —, Bird costumava organizar seus alunos em quartetos e desafiá-los a resolver um problema calados. Cada equipe recebia uma bacia de dez litros cheia de água e um monte de objetos aleatórios — rolhas, gravetos, elásticos, papel alumínio, arruelas de metal, latas de filme, bolinhas de gude. A mistura variava, mas cada grupo recebia uma bola de ferro de quatro centímetros e precisava descobrir como transportá-la de uma extremidade da bacia para a outra — da ilha de Silencia à ilha de Flotensia, como explicou Bird. As equipes negociavam a troca de materiais, observavam umas às outras e compartilhavam ideias sem dizer uma única palavra.

O jogo é frustrante, mas também, divertido, e "para os alunos, o exercício pode ser transformador"[7], escreveu a professora na *Science and Children*, uma revista para educadores. Crianças tímidas têm a chance de se destacar. Crianças falantes têm a chance de calar a boca e aprender com as outras. Todas assimilam habilidades interpessoais e dinâmicas de grupo.

Bird acreditava que o silêncio abre novos caminhos para a aprendizagem. Seu exercício oferece benefícios potenciais evidentes para professores, gerentes ou pais tentando lidar com um monte de crianças reclamonas que estão presas dentro de casa em um dia chuvoso. "De fato, ao falar menos, dizemos muito", escreveu ela.

DEIXE SEUS FILHOS BRINCAREM

Os pais podem ser jardineiros ou carpinteiros, afirmou Alison Gopnik, psicóloga da Universidade da Califórnia em Berkeley e especialista em desenvolvimento infantil. Os carpinteiros tentam moldar as crianças de acordo com as próprias expectativas. Os jardineiros calam a boca e abrem espaço para as crianças crescerem na direção que *elas* desejam. É fácil adivinhar qual o melhor tipo.

Nas últimas três décadas, cometemos o erro de transformar a "parentalidade" em um trabalho como qualquer outro, com metas, marcos e regras, mas isso não está funcionando. Devemos dar espaço às crianças e deixá-las brincar. Permitir que aprendam como aprender e como ser inovadoras e criativas[8].

Ao oferecer a elas "silêncio em um mundo barulhento"[9], Fred Rogers tornou-se um dos maiores educadores da primeira infância, escreveu seu biógrafo. Rogers era um modelo para pais de todos os lugares. Como Mary McNamara escreveu no *Los Angeles Times*[10]: "Ele pausava quase tanto quanto falava, muitas vezes por um longo tempo. Mas essas pausas não estavam carregadas de vazio, e sim de espaço."

Rogers não ensinava apenas as crianças, mas também os pais. Sua forma calma de se relacionar interpessoalmente era um verdadeiro exemplo, trazendo à tona o melhor das pessoas. O mesmo vale para nós. Quando calamos a boca perto de nossos filhos, tornamos esse comportamento um exemplo para eles. Rogers usava o silêncio para obter resultados surpreendentes. Uma de suas técnicas era sentar-se com alguém e não falar nada, às vezes por até sessenta segundos.

Em 1997, enquanto recebia o Lifetime Achievement Award no Emmy, Rogers pediu a cada membro da plateia que ficasse 10 segundos em silêncio "para pensar nas pessoas que ajudaram você a se tornar quem é, aquelas que cuidaram de você e lhe desejaram sempre o melhor". Passados dez segundos, vários dos presentes estavam chorando. Você pode assistir ao vídeo no YouTube; eu o desafio a fazê-lo sem se emocionar. Também o desafio a fazê-lo com seus filhos. O silêncio, se bem aplicado, pode ser surpreendente[11].

DEIXE SEUS FILHOS FALHAREM

É doloroso ver o filho passar por dificuldades. É insuportável. E ele nem sempre descobre a solução por conta própria. Às vezes, ele falha. E você se sente culpado, pois poderia ter lhe revelado como agir ou como evitar o problema, mas não o fez. Apenas permaneceu sentado.

E, então, como proceder? Ligar para o professor e perguntar se seu filho pode refazer a prova de matemática? Sentar-se ao lado dele como um guarda para garantir que ele termine a lição de casa ou terminá-la em seu lugar? Ligar para o treinador de futebol e reclamar que sua filha não está tendo tempo de jogo suficiente?

Não. Você só precisa continuar calando a boca.

E é muito difícil. Você sabe (ou acha que sabe) o que seus filhos devem fazer. Além disso, às vezes eles *querem* que você resolva os problemas. Eles lhe pedem que faça isso. E você poderia concordar. Mas não deve. Forçar-se a calar a boca nessas situações é uma das partes mais desafiadoras da parentalidade. Eu detesto.

Já vi crianças chegarem à escola com projetos de arte que pareciam ter sido feitos por uma equipe criativa da Madison Avenue. Já vi escoteiros participarem de corridas de carrinho com miniaturas construídas por adultos formados em engenharia. Provavelmente, na cabeça desses pais, eles estavam fazendo um ótimo trabalho. Estavam ajudando as crianças a serem vencedoras.

Resista à insensatez. Deixe seu filho perder a corrida. Deixe-o tirar um zero na prova. Deixe-o aprender como é se sentir desconfortável, assustado, preocupado, desapontado. É angustiante. Mas, se não o fizermos, prejudicaremos nossos filhos, privando-os da chance de desenvolver habilidades de enfrentamento. Faremos com que se sintam incapazes — e, de certa forma, nós os trataremos com desrespeito.

De acordo com o neuropsicólogo William Stixrud e o educador Ned Johnson, autores de *The Self-Driven Child: The Science and Sense of Giving Your Kids More Control over Their Lives*[12], deixar as crianças descobrirem as coisas por conta própria — resistir ao desejo de corrigi-las ou ajudá-las e até mesmo ter cuidado com nossa forma de elogiá-las — torna-as mais confiantes e menos propensas a serem afetadas pela ansiedade e pelo estresse.

Não estou sugerindo que atiremos nossos filhos aos lobos. Segundo Diane Tavenner, cofundadora e CEO da Summit Public Schools, rede de escolas públicas da Califórnia e de Washington, há um meio-termo entre fazer a lição de casa para eles e enviá-los a uma ilha deserta com um canivete suíço e uma caixa de fósforos — é possível deixá-los falharem e aprenderem com a experiência. Tavenner encoraja os pais a permitirem que as crianças falhem em pequenos aspectos[13], como a lição de casa: "Lembre-se de que as consequências de arruinar uma ou mesmo algumas tarefas não alteram a vida." Imagine-se como um treinador, sugere ela. Em vez de dar respostas, faça perguntas. A ideia é ajudar as crianças a desenvolverem suas habilidades para que possam ter sucesso por conta própria.

DEIXE SEUS FILHOS PROSPERAREM

A grande vantagem de ficar quieto e dar espaço para seus filhos falharem é que, quando prosperam, o crédito é todo deles. Michelle Obama afirma que esse foi o melhor presente que ela e o irmão receberam dos pais na sua criação[14]. "Você permitiu que tivéssemos nossos sucessos e fracassos", disse Michelle à mãe, Marian Shields Robinson, no podcast da ex-primeira-dama.

Esse processo começa com pequenos detalhes. Marian nunca apressou as crianças a se levantarem a tempo de ir à escola. Era responsabilidade delas. Michelle Obama acredita que aspectos como esse trazem grandes benefícios. "Se você espera que um jovem seja autossuficiente aos 20 e poucos anos, precisa fazê-lo praticar isso desde cedo, com 5 ou 7 anos de idade", declarou.

Marian, que morou na Casa Branca com os Obama e ajudou a criar Malia e Sasha, diz que parte de deixar as crianças prosperarem é assumir que, às vezes, você também não sabe o que fazer. "Os pais acham que precisam saber todas as respostas. Mas ninguém sabe. Eu me sentia confortável ao admitir: 'Não sei.'"

Ela era uma jardineira, não uma carpinteira. Percebia a determinação da filha e pensava: *Por que tentar mudá-la?* Certa vez, a ex-primeira-dama revelou: "Esse foi o presente que recebi. Meus pais viram uma chama em mim... e, em vez de apagá-la, como a maioria faz com as garotas decididas, eles encontraram uma forma de mantê-la acesa, pois sabiam que eu precisaria dela mais tarde. Para manter essa chama acesa em uma garota, é necessário valorizar sua voz e deixá-la se expressar e aprender a usá-la."[15]

Ao criar as filhas, Michelle Obama se inspirou na abordagem de sua mãe, deixando-as tentar e falhar sem interferir. "Ser mãe é aprender a soltar as rédeas", disse ela a Meghan Markle em uma entrevista para a *Vogue* britânica.

"A maternidade me ensinou que, na maioria das vezes, minha função é dar espaço para minhas filhas explorarem e se tornarem quem almejam ser. Não quem eu desejo que sejam ou quem eu gostaria de ser nessa idade, mas quem elas realmente são. A maternidade também me ensinou que minha função não é eliminar todas as possíveis adversidades do caminho delas. Mas, em vez disso, ser um porto seguro quando, inevitavelmente, elas falharem e lhes mostrar, repetidas vezes, como se levantar por conta própria."[16]

DEIXE SEUS FILHOS SE ENTEDIAREM

Lin-Manuel Miranda defende o tédio. Ele afirma que as tardes ociosas na infância o ajudaram a desenvolver a imaginação para produzir *Hamilton*, um dos maiores sucessos da Broadway e vencedor do Prêmio Pulitzer. "Não há nada melhor para estimular a criatividade do que uma página em branco ou um quarto vazio"[17], disse Miranda à *GQ*, acrescentando que o segredo da parentalidade é ser um pouco menos parental. Ele pode não usar estas palavras, mas acredito que Miranda é um genitor CLBC.

Um dos princípios da parentalidade CLBC é que nossa função não é entreter nossos filhos. Não lhes devemos isso. Na verdade, devemos a eles o tédio, que é benéfico. Muitas pesquisas recentes[18] mostram que se entediar ajuda as crianças a serem mais criativas e mais capazes de controlar as emoções. "Estou entediado", dizem nossos filhos. Ótimo! É um presente do universo. Resista ao desejo de ocupar o tempo deles. Cale a boca e deixe-os descobrir como fazê-lo por conta própria.

O tédio é desconfortável, mas o cérebro entediado desenvolve um "estímulo interno" e sai à procura de algo para pensar, declarou Teresa Belton, professora de educação e aprendizado contínuo que estuda as conexões entre o tédio e a criatividade. Ela diz que as crianças precisam do "tempo de contemplação"[19], durante o qual podem apenas observar o mundo ao redor e deixar o cérebro em estado de devaneio.

Os adultos também se beneficiam do tédio. Pesquisadores da psicologia constataram que as pessoas que realizaram uma tarefa entediante antes de fazer um teste de pensamento criativo superaram o grupo de controle[20]. Albert Einstein era um ocioso inveterado. Segundo ele, muitas de suas melhores ideias surgiram enquanto navegava em um veleiro sem fazer nada. Steve Jobs passava muito tempo procrastinando e adiando seus afazeres. Aaron Sorkin tem tantas ideias excelentes no chuveiro que, às vezes, toma seis banhos por dia[21].

Parece loucura. Mas a forma como criamos nossos filhos atualmente é ainda mais insensata. Faça-lhes um favor e cale a boca.

RETOMEMOS A COMPOSTURA

Diga o que quiser sobre a rainha Elizabeth, mas a mulher sabia calar a boca. Seu comedimento à moda antiga era sua maior força. Tenho certeza de que era incômodo sempre limpar a bagunça dos familiares que não tinham sua autodisciplina, mas você nunca a ouviu reclamar. Os Windsor são pessoas ridículas, e a monarquia é uma instituição ridícula. A rainha parecia ter consciência disso, mas também percebia que a única forma de manter as aparências era evitar problemas e nunca transparecer suas opiniões. Até onde sabemos, ela só se importava com corgis e cavalos.

Ótimo. Fantástico. Nós deveríamos aprender com ela. O mundo não precisa saber como nos sentimos sobre tudo. Dizem que é ruim reprimir os sentimentos. Será? Manter a discrição parece mais adequado do que despejar problemas e opiniões em todos ao redor. Como a rainha poderia ter dito, cale a boca e siga em frente.

Certa vez, o rei Charles se queixou a um biógrafo, afirmando que a rainha não era uma boa mãe[22], que ela era insensível e indiferente e, durante seus primeiros anos, deixava-o sob os cuidados de babás enquanto viajava ao redor do mundo para cumprir deveres reais. Talvez ele esteja certo sobre a falta de afeto da mãe. Como Tina Brown escreveu em *Os Arquivos do Palácio*[23]: "A triste verdade era que Charles, em seu caráter material, simplesmente não era o tipo de pessoa que a rainha admirava." Quem poderia culpá-la? Como era de se esperar, a resposta da rainha às lamentações do filho sobre suas habilidades parentais foi perfeita: ela não disse nada.

Charles era ridicularizado na imprensa britânica[24] como um "imbecil"[25] que bombardeava os membros do Parlamento com cartas que abordavam causas como a mudança climática, a pecuária, a guerra no Iraque, a forma como os professores deveriam administrar as salas de aula, os fitoterápicos, as cabanas da Antártida e o destino da merluza negra, ameaçada de extinção. Sua vida pessoal desordenada causou problemas intermináveis para a família. Primeiro, foi o casamento caótico com Diana, seguido pelo divórcio ainda mais turbulento e pelos constrangedores telefonemas "sensuais" com Camilla, a futura esposa dele. A cada passo, a mãe o deixava falhar e, depois, apressava-se para consertar a situação.

Quando Charles e Diana se separaram, a monarca ficou em silêncio por alguns anos — até que Diana foi à BBC e reclamou de Charles e sua família para o jornalista Martin Bashir. Contendo a raiva, a rainha enviou um mensageiro à porta dela com uma carta que basicamente dizia: *Basta*. Em seguida, emitiu uma breve declaração pública anunciando que Charles e Diana se divorciariam. Nada mais. Sem entrevistas. Sem choradeira no *Dr. Phil* sobre como a nora havia ferido seus sentimentos. A rainha cumpriu sua função e calou a boca[26].

Quando Diana faleceu, a monarca parecia disposta a manter sua política de silêncio, mas seus patéticos súditos começaram a se queixar, afirmando que a rainha não era sentimental o bastante. Para evitar uma crise, ela fez um apático discurso ao vivo na BBC[27], cumprindo seu dever em apenas três minutos — dizer algo gentil sobre Diana, ser educada, fingir emoção, mas de forma contida, blá-blá-blá.

No funeral de Diana, a rainha inclinou a cabeça diante do caixão, um gesto importante e uma violação do protocolo — um monarca jamais se curva —, mas também uma jogada brilhante de relações públicas que restaurou o apoio à família real. Era o CLBC em ação. Sem dizer uma única palavra, a rainha disse tudo. Talvez tenha detestado precisar se curvar. Ou talvez sua verdadeira intenção tenha sido essa. Nunca saberemos, pois ela, ao contrário de todos ao redor, era experiente o bastante para permanecer um enigma, "um espelho vazio para a nação se contemplar", como descreveu Brown.

Após limpar a bagunça deixada por Charles e Diana, a rainha foi encarregada de salvar a monarquia de seu filho Andrew, que é ainda pior do que o irmão. Andrew escandalizou a família com um casamento e um divórcio que chamaram a atenção dos tabloides. Não satisfeito, causou uma confusão ainda mais sórdida devido a sua amizade com o pedófilo Jeffrey Epstein e a uma ação movida por uma das vítimas, que alegou que sofrera abuso sexual da parte de Andrew quando ela era menor de idade. O processo foi encerrado após um acordo, e a rainha retirou os títulos e as responsabilidades do filho, submetendo-o a uma espécie de ostracismo. Problema resolvido. Nem uma palavra sequer em público.

Quando Harry, o neto autoindulgente, abandonou a família para ganhar a vida fazendo psicoterapia em público, reclamando para Oprah sobre uma infância infeliz, a rainha proibiu o príncipe e a esposa, Meghan Markle, de se intitularem "membros da família real" — uma punição que foi exacerbada pelo silêncio que a envolvia. Insensivelmente, Harry expressava suas queixas enquanto o avô morria no hospital. Teria sido melhor se ele seguisse o conselho tradicional do avô: "Dê entrevistas na televisão. Mas jamais fale sobre você."[28]

A contenção emocional da rainha pode ter algumas desvantagens, mas é melhor do que o narcisismo e a insolência de outros membros da família, declarou Martin Francis, um historiador britânico que criticou o príncipe William por dizer que "os dias de 'compostura' precisam acabar"[29]. Será mesmo? Sem dúvida, é apropriado abordar seus problemas em particular com um psicólogo. Ir à TV para contar ao mundo sobre eles não é terapêutico; é egoísta. "A compostura… ainda é muito necessária", afirmou Martin.

Concordo plenamente.

FINLANDESES FELIZES

Em 2022, a Finlândia foi eleita o país mais feliz do mundo pela quinta vez consecutiva[30]. Provavelmente, há muitas razões para isso, mas a principal é que os finlandeses sabem calar a boca. Eles estão entre as pessoas mais quietas e reservadas do mundo, afinal, são faladores comedidos. Ao contrário dos norte-americanos, que não suportam nem mesmo alguns segundos de silêncio, os finlandeses ficam perfeitamente satisfeitos em se reunir sem conversar. "Silêncio é ouro, falar é prata"[31] é um provérbio finlandês. Enquanto os norte-americanos priorizam as necessidades e realizações individuais, os finlandeses valorizam a harmonia e o equilíbrio.

Quando o lockdown da Covid-19 se instaurou e os finlandeses foram obrigados a manter uma distância de dois metros, a piada no país era: "Por que não podemos manter nossa distância usual de quatro metros?"[32] Outra piada local é: "Como você sabe que um finlandês gosta de você? Quando ele olha para seus sapatos, e não para os dele." Essa nação é tão quieta que o Conselho de Turismo criou uma campanha em torno da ideia que chamou de "viagem silenciosa"[33], especialmente direcionada a turistas da China. "Está à procura de um lugar tão silencioso que é possível ouvir seus pensamentos? Permita-nos apresentar as florestas tranquilas, os vilarejos idílicos, os antigos locais sagrados e os parques nacionais da Lapônia finlandesa."[34]

O finlandês Kimi Räikkönen, piloto campeão de Fórmula 1, era famoso por suas habilidades na pista, mas ainda mais por falar pouco fora dela. Quando ele se aposentou[35], um colega de equipe disse: "Vou sentir falta do silêncio." Mais tarde, Räikkönen afirmou que concordaria em fazer um filme sobre sua carreira, mas "apenas se fosse um filme mudo"[36].

A Finlândia tem um dos melhores sistemas educacionais do mundo — muito superior ao norte-americano — e é um modelo de comedimento CLBC. Sem pressão. Sem testes padronizados[37]. As crianças começam a escola em uma idade mais avançada[38], têm períodos escolares mais curtos e passam bastante tempo brincando. Ainda assim, quando a destreza acadêmica de crianças finlandesas é comparada à de outras ao redor do mundo, ela fica sempre entre as primeiras e supera a das norte-americanas por uma enorme margem.

Os pais finlandeses são o que chamo de genitores CLBC e o que Alison Gopnik descreveria como jardineiros em vez de carpinteiros. Sua abordagem na criação dos filhos é muito diferente. Não há "pais-helicóptero" ou "mães-tigre". Os finlandeses concedem tempo livre aos filhos todos os dias, permitem que aprendam no próprio ritmo e valorizam o desenvolvimento de independência, autoconfiança, boas maneiras e empatia. As crianças finlandesas chegam em casa, preparam o almoço e fazem a lição sozinhas[39]. Em seus quintais, as famílias constroem cabanas de recreação chamadas *leikimokki*[40], nas quais os filhos brincam com os amigos e, no verão, até dormem.

Os finlandeses não deveriam ser pessoas felizes. O clima é péssimo na Finlândia. No inverno, há apenas algumas horas de sol, e essa estação dura cem dias no sul, perto de Helsinque, e duzentos dias no norte. De alguma forma, eles conseguem ser felizes; em minha opinião, é porque sabem calar a boca e não incomodar os outros. Os finlandeses não são antissociais. Eles adoram ficar nus na sauna com os amigos. Mas simplesmente não gostam de conversa fiada. E conseguem se comunicar sem usar palavras.

JAPÃO: PARENTALIDADE SILENCIOSA

No Japão, o ato de se comunicar sem falar é chamado de *haragei*, ou "arte do estômago". Significa a capacidade de expressar uma opinião ou transmitir uma ideia sem dizer nada, apenas usando expressões faciais, gestos, movimento dos olhos e outros sinais não verbais. Trata-se de falar pelo estômago, e não pela boca. É algo que funciona no Japão, considerado uma cultura de "alto contexto", na qual as pessoas se entendem e não precisam ser explícitas — uma sociedade coletivista. Em média, nas conversas japonesas há duas vezes mais silêncio do que nas conversas norte-americanas.

Os japoneses também têm um conceito chamado *ishin-denshin*, que pode ser traduzido como "telepatia", ou seja, a capacidade de entender alguém sem precisar de palavras. Há ainda o *sontaku*, que descreveríamos como "ler nas entrelinhas"[41]. Para os japoneses, essas são maneiras sutis, engenhosas e eficientes de comunicação. Ao contrário dos norte-americanos, o silêncio não os assusta. Os japoneses o consideram um sinal de respeito. Ficar em silêncio durante uma conversa significa pensar sobre o que o interlocutor acabou de dizer. O silêncio também é um sinal de inteligência: no Japão, as pessoas que se expressam abertamente ou falam demais são vistas como banais, infantis e tolas.

No Japão, o silêncio desempenha um papel importante na criação dos filhos e ajuda a explicar por que os japoneses são melhores nesse aspecto. Os ocidentais que se mudam para o Japão ficam surpresos ao ver crianças de 2 anos sentadas calma e silenciosamente em restaurantes e locais públicos. Isso ocorre porque seus pais são mestres da parentalidade silenciosa[42], tornando-se um exemplo de comedimento, autodisciplina e boas maneiras.

Quando se mudou para o Japão com a filha pequena e o filho bebê, Kate Lewis, escritora norte-americana, ficou envergonhada pelo contraste entre as próprias crianças, agitadas e barulhentas, e seus homólogos japoneses. Ela descobriu que os pais do Japão adotam uma abordagem diferente de disciplina, chamada *shitsuke*, que se traduz como "treinamento" ou "educação". A *shitsuke* é uma abordagem discreta. Em vez de gritar com a criança no parquinho ou no shopping — pense em quantas vezes você presenciou ou protagonizou essa situação —, os pais japoneses aguardam para ter uma conversa calma e reservada. "Em todos os lugares, comecei a notar pais se agachando atrás de pilares nas estações de trem, nos cantos dos parques, para ter conversas tranquilas"[43], explicou Lewis em um artigo para a *Savvy Tokyo*.

Há um porém. Ao contrário da Finlândia, o Japão costuma ocupar os últimos lugares nas pesquisas anuais de felicidade. Em uma pesquisa de 2019, feita com 29 países, o Japão ficou em 23°. Em 2020, no

Relatório Mundial de Felicidade publicado pela ONU[44], o país ficou em 62º. Mas isso provavelmente se deve ao fato de que a definição de felicidade dos japoneses não é a mesma que os pesquisadores ocidentais buscam. Para os ocidentais, a felicidade está relacionada com animação, acontecimentos importantes e grandes conquistas. Os japoneses valorizam aspectos mais sutis[45].

O Japão tem a maior longevidade do mundo. Além da dieta e da genética, outro fator favorável é o *ikigai*, uma palavra que se traduz como "a felicidade de estar sempre ocupado", designando uma vida com significado e propósito. O *iIkigai* tornou-se uma espécie de tendência no Ocidente — há muitos livros e palestras do TED sobre o assunto.

Na ilha de Okinawa, um vilarejo chamado Ogimi tem a maior porcentagem de centenários do mundo, e o *ikigai* é excepcionalmente valorizado, de acordo com Héctor García e Francesc Miralles[46], que visitaram Ogimi e entrevistaram os idosos. O *ikigai* tem muito em comum com as "conversas significativas e substanciais" que Matthias Mehl, psicólogo da Universidade do Arizona, descobriu serem essenciais para uma saúde mental melhor e um sistema imunológico mais forte. Falar menos, escutar mais, evitar conversa fiada, fazer conexões reais. É uma receita bem simples.

O CLBC é altruísta. Ele traz à tona o melhor das pessoas. Escutar alguém, concentrando toda a atenção na pessoa, e não em si mesmo, faz milagres. Certa vez, Jennie Jerome, mãe de Winston Churchill, contrastou as experiências que teve ao jantar com dois políticos britânicos importantes, William Gladstone e Benjamin Disraeli: "Em um jantar, após me sentar ao lado de Gladstone, achei que ele era o homem mais inteligente da Inglaterra. Mas, quando me sentei ao lado de Disraeli, saí me sentindo a mulher mais inteligente do país."

Imagine causar esse efeito em todas as pessoas de sua vida. Imagine fazer seus filhos mais felizes, independentes, capazes de prosperar. Imagine incentivar a criatividade deles para que resolvam os problemas mais desafiadores do mundo. Imagine trazer à tona o melhor de amigos e parentes ou, até mesmo, de estranhos que você encontra no dia a dia. Agora, imagine essa benevolência irradiando, à medida que filhos, amigos e parentes fazem o mesmo pelos outros ao redor. No CLBC, não se trata apenas de falar menos e se beneficiar. Se um número suficiente de pessoas aprendesse a calar a boca, o mundo se tornaria um pouco melhor para todos nós.

8

CLBC NO AMOR

Por anos, minha esposa e eu fomos a terapeutas de casal. Havia o cara ríspido de meia-idade que cobrava uma fortuna, fazia-nos sentar lado a lado em um sofá e me dizia que eu deveria cozinhar mais. Havia o senhor gentil de voz suave que usava suéteres, cardigãs e jaquetas de tweed e sugeria encontros e fins de semana românticos. Havia a mulher de 60 e poucos anos que usava brincos compridos e sandálias com meias e nos passava exercícios de respiração. E havia outra mulher de 60 e poucos anos com brincos compridos e sandálias com meias que nos disse, sem rodeios, para desistir da terapia e simplesmente terminar a relação.

Então, nós terminamos. Foi assim que, nos primeiros dias do lockdown da Covid-19, eu me vi sozinho em uma casa alugada, percebendo que praticamente tudo de ruim que acontecera comigo, incluindo perder minha família, poderia ter sido evitado se eu conseguisse calar a boca. Naquele momento, comecei a tentar descobrir como fazê-lo.

Os anos de conversa com terapeutas de casal não nos ajudaram. Na verdade, quanto mais falávamos, pior a situação ficava. Precisávamos mesmo era falar menos e seguir o conselho de Ruth Bader Ginsburg, falecida juíza da Suprema Corte — "às vezes ajuda ser um pouco surdo". Graças a esse princípio, ela e Martin, seu marido, desfrutaram de um casamento dos sonhos, do tipo em que se envelhece junto e nunca se desapaixona. Nas palavras de RBG, foram "56 anos de uma parceria conjugal única".

Além de ser um pouco surdo, também ajuda ser um pouco mudo. Mas eu não tinha freio. Nunca resisti ao impulso de expressar o que estava pensando. Ali sozinho, porém, longe de minha esposa e filhos, eu me dediquei a desenvolver um freio. Recorri a um conselho que meu psicólogo repetia como um mantra: "Sempre existe a opção de ficar calado." Quando alguém fere seus sentimentos, você não precisa responder. Literalmente, em qualquer situação, nunca é obrigatório abrir a boca e falar. Um ambientalista chamado John Francis[1] permaneceu em silêncio por dezessete anos e, ainda assim, conseguiu concluir um doutorado e se tornar Embaixador da Boa Vontade da ONU. Não estou sugerindo chegarmos a esse ponto; estou apenas reforçando que é possível. Comecei a praticar o CLBC diariamente, onde e quando pudesse. Comprovando como nossa cultura se tornou obcecada por terapia, alguém aconselhou que minha esposa e eu conversássemos com outro terapeuta de casal — não para salvar o casamento, mas para lidar com o término. No entanto, não precisávamos de mais terapia conversacional, e sim de terapia não conversacional.

Tínhamos que interagir por causa das crianças, mas tentávamos manter a compostura. Sem dúvida, às vezes trocávamos mensagens furiosas e desligávamos o telefone na cara um do outro. Porém, nós nos esforçávamos para seguir um segundo conselho de RBG: "Quando uma palavra impensada ou indelicada é dita, o ideal é ignorar. Reagir com raiva ou aborrecimento não aumentará a capacidade de persuasão."

Os psicólogos dizem que os casais precisam aprender a brigar[2]. Em minha opinião, seria melhor aprender a *não* brigar, como aconselhou RBG. Minha esposa e eu passamos a evitar explosões e paramos de relembrar discussões antigas. Não apontávamos as falhas um do outro. Apenas deixávamos para lá. E comecei a desenvolver um freio. Com certa apreensão, nós nos encontrávamos sem falar muito. Era um outro tipo de tratamento silencioso, diferente do que costumávamos infligir um ao outro quando estávamos com raiva. Passeávamos com nosso cachorro no bosque. Saíamos para jantar.

Antes de entrar no restaurante para encontrá-la, eu me sentava no carro, respirava fundo e verificava minha lista CLBC. Durante o jantar, escutava em vez de falar, fazia perguntas em vez de Danólogos e deixava as pausas pairarem na conversa. Eu me desafiava a passar uma refeição inteira apenas reiterando o que ela dizia com frases como "É mesmo?" ou "Interessante", sem tocar em assuntos meus.

Não tentávamos ser afetuosos demais ou reacender a paixão do início de nosso relacionamento. Às vezes, nós nos sentávamos sem dizer nada. Em minha fase pré-CLBC, isso teria me enlouquecido. Mas agora, em vez de preencher o vazio, eu sabia lidar com a ansiedade até que ela se dissipasse. Com o tempo, ficou mais fácil contê-la. Após vários meses, deixamos de lado nossas diferenças e reatamos a relação. Não posso prometer que a terapia não conversacional funcionará para você. Mas ser "um pouco surdo" deu certo para RBG e seu marido, e para nós também. Vale a pena tentar.

VOCÊ PODE FICAR QUIETO, POR FAVOR?

Nossa cultura barulhenta acredita na fala. Nós conversamos, debatemos, discutimos. E qual tem sido o resultado? Quase metade dos casais faz terapia conjugal[3] e, ainda assim, metade dos primeiros casamentos fracassa. As segundas e terceiras uniões têm taxas de insucesso ainda maiores[4]. Entre os casais que frequentam a terapia conjugal, 25% acabam *pior* do que estavam antes[5]. Esse resultado é satisfatório?

Segundo William Doherty, psicólogo da Universidade de Minnesota, parte do problema é que trabalhar com casais é difícil, e a maioria dos terapeutas não recebe treinamento especializado para fazê-lo. "Do ponto de vista de um cliente, fazer terapia de casal é como ter uma fratura tratada por um médico que não cursou ortopedia na faculdade", escreveu ele em um artigo intitulado "How Therapy Can Be Hazardous to Your Marital Health"[6]. Mas o maior problema pode ser o fato de que discutir na frente de um terapeuta já é uma péssima ideia. Talvez essas sessões de cinquenta minutos repletas de queixas só reforcem os maus hábitos já adquiridos.

Pesquisadores da Universidade de Groningen, na Holanda[7], descobriram que os casais se tornam mais próximos ao ficarem juntos em silêncio. A psicóloga Suzanne Phillips, que trabalha com casais que estão se recuperando de traumas, defende o poder de "apenas estar presente", com base na noção de que focar sinais não verbais conecta as pessoas em um nível além da consciência. Ela aconselha os clientes a reservar um tempo para fazer atividades silenciosas[8] com o cônjuge, como meditar, caminhar na natureza ou passear de carro. "A capacidade do casal de permanecer em silêncio enquanto está junto reflete sua independência, bem como seu vínculo", sugere Phillips.

Talvez seja por esse motivo que as horas de terapia CLBC fizeram com que eu e minha esposa reatássemos a relação, um resultado que os onerosos anos de terapia conversacional não trouxeram. Desde então, continuei a me concentrar no CLBC em casa, e isso fez toda a diferença.

CLBC E APAIXONE-SE

Em 1967, o psicólogo Arthur Aron criou um feitiço capaz de fazer dois estranhos se apaixonarem. Para invocar o encantamento, deve-se fazer 36 perguntas, que vão se tornando cada vez mais pessoais. Então, vem a parte final: após o questionário, os envolvidos devem fitar os olhos um do outro por quatro minutos *sem falar* — e o feitiço é selado. Eles se apaixonam.

O método de Aron, professor da Universidade Estadual de Nova York em Stony Brook[9], não é infalível nem eficaz para todo mundo. É preciso que as pessoas tenham coisas em comum e sintam certa atração mútua. Se existirem esses fatores, responder às perguntas e fitar uma a outra podem ser "o estopim", afirmou Aron, acrescentando que talvez essas sejam as atitudes mais importantes a se tomar[10]. "O amor é essencial para a vida. A qualidade do relacionamento é o maior preditor da felicidade humana, mais do que a riqueza ou o sucesso. E é um grande preditor da saúde. O tempo de vida é previsto mais rigorosamente pela qualidade de um relacionamento do que pelo tabagismo ou pela obesidade."

O método de Aron funciona tão bem que outros pesquisadores o utilizam em experimentos, chamando-o de "tarefa de indução de proximidade do relacionamento"[11]. Mandy Len Catron, professora universitária de escrita criativa, fez o exercício de Aron com um conhecido e acabou entrando em um relacionamento, uma experiência que ela descreveu no *New York Times* e mais tarde transformou no livro *How to Fall in Love with Anyone*[12]. Catron e o amigo sentaram-se em um bar e, tomando algumas cervejas, trabalharam no questionário de Aron. Segundo ela, as perguntas deixaram ambos cada vez mais vulneráveis, e, em poucas horas, eles desenvolveram um grau de proximidade que poderiam ter levado meses para atingir em circunstâncias comuns. Depois, foram até uma ponte e fitaram os olhos um do outro por quatro minutos, o que Catron descreve em seu artigo no *New York Times*[13] como "uma das experiências mais emocionantes e aterrorizantes de minha vida." "O ponto decisivo daquele momento não foi apenas enxergar outra pessoa, mas saber que ela estava realmente me enxergando." Funcionou. Eles se apaixonaram e começaram um relacionamento.

É difícil definir o que é mais importante, as perguntas ou os quatro minutos de silêncio. Provavelmente, nenhum dos dois funcionaria sozinho. Mas, por si só, os quatro minutos de contato visual silencioso têm muito poder. Há alguns anos, durante a crise de refugiados na Europa, a Anistia Internacional conduziu um experimento em que os refugiados se sentavam diante de europeus e faziam contato visual silencioso por quatro minutos. O objetivo era ajudar pessoas que estavam em lados opostos de uma questão controversa a ter empatia umas pelas outras. Mostrados em um vídeo de cinco minutos[14], os resultados me levaram às lágrimas. Algumas pessoas sorriam. Outras choravam. Ou riam. Ou se abraçavam. "Quatro minutos de contato visual são a forma mais eficaz de aproximação"[15], declararam os organizadores.

O poder do exercício surge não apenas do contato visual, mas também do silêncio. É outro exemplo de como a ausência de palavras pode transmitir mais do que palavras. Após o exercício de quatro minutos, os parceiros conversaram, e as conversas foram intensas. Um homem e uma mulher pareciam já ter se apaixonado e estar engatando um relacionamento. Seus quatro minutos de silêncio não foram quatro minutos de vazio. Aquele foi um silêncio ativo. Eles se comunicaram e construíram uma conexão mais profunda e forte do que teriam conseguido alcançar se falassem. O silêncio não significa ausência de comunicação; ele pode estar carregado de significado. Nas palavras do mímico francês Marcel Marceau: "Música e silêncio combinam perfeitamente, pois a música é feita com silêncio, e o silêncio está repleto de música."

A REGRA 60-40

Michael Beatty, professor de comunicação que descobriu a causa do *talkaholism*, ministra um curso na Universidade de Miami chamado Comunicação Romântica, que aborda, basicamente, o papel da comunicação verbal e não verbal nos relacionamentos. Beatty explica a função da dopamina e da serotonina, mas o aspecto mais importante, pelo menos para seus alunos, que ele ensina é como se comunicar no primeiro encontro para garantir o segundo. O curso está sempre lotado.

Segundo Beatty, o mais importante é o equilíbrio, que ele descreve como a Regra 60-40. "Para que um encontro seja bem-sucedido, ninguém deve falar mais de 60% ou menos de 40% do tempo. Se você monopolizar a conversa, a outra pessoa ficará sobrecarregada. Mas, se você não disser nada, o fardo recairá sobre ela. Em ambos os casos, será um desastre", explicou ele.

Quando se trata de namoro, os *talkaholics* parecem estar praticamente condenados, ou pelo menos ter uma extrema desvantagem. Os faladores comedidos, por sua vez, são mais bem-sucedidos ao atrair o sexo oposto, talvez porque falar poucas palavras transmite confiança. Beatty usou James Bond como exemplo. Não importa quem interprete o papel — Sean Connery ou Daniel Craig —, Bond é sempre um falador comedido. "As respostas curtas são melhores do que as longas, e uma palavra é o ideal. Mas, além das respostas curtas, Bond também usa a expressão facial", afirmou o professor. "Ele raramente mostra os dentes." De acordo com Beatty, trata-se de algo primata. Mostrar os dentes é um sinal de submissão. "Tom Cruise mostra muito os dentes, e é por isso que as mulheres não o veem como um alfa, mas como uma criança."

"Mas e a Regra 60–40?", questionei. "Bond fala muito menos do que 40%; ainda assim, as mulheres não resistem a ele. Como é possível?"

Beatty deu uma explicação simples: "Ele é James Bond. Você, não."

COMO FALAR MELHOR

Fazer perguntas é outra forma de aumentar as chances de conseguir um segundo encontro. Alison Wood Brooks, professora da Harvard Business School, estuda a arte da conversa em contextos de negócios, mas um de seus experimentos envolvia o estudo de encontros rápidos. Brooks ministra o curso Como Falar Melhor e promove uma prática conversacional que chama de "FALA", acrônimo de "Foco, Argumento, Leveza e Afabilidade"[16]. A capacidade de "falar melhor" ajuda os alunos de MBA a chegar ao topo da hierarquia corporativa. Mas os métodos da professora também podem ser úteis para encontrar um parceiro romântico.

Brooks e alguns outros pesquisadores de Harvard analisaram os resultados de um experimento de encontros rápidos, no qual pós-graduandos foram reunidos em um auditório e tiveram vinte encontros de quatro minutos. Posteriormente, foi perguntado se os participantes aceitariam se encontrar novamente com cada pessoa que conheceram. Os pós-graduandos que fizeram mais perguntas durante os quatro minutos receberam mais convites para um segundo encontro. "De fato, os participantes que fizeram uma pergunta adicional nos encontros convenceram, em comparação aos outros, uma pessoa a mais a sair com eles novamente (ao longo dos vinte encontros)", explicou Woods em um artigo da *Harvard Business Review*[17].

Em outro estudo, pesquisadores de Harvard organizaram conversas online de quinze minutos para os participantes, instruindo alguns a fazer nove ou mais perguntas e outros a fazer no máximo quatro perguntas. Novamente, as pessoas que perguntaram mais foram mais apreciadas por seus parceiros de conversa.

No entanto, há limites. Fazer muitas perguntas pode ter o efeito inverso, pois o interlocutor se sentirá sobrecarregado. Encontrar o equilíbrio certo — dominar as habilidades CLBC de perguntar e escutar — pode ser o segredo para encontrar a pessoa de seus sonhos.

A REGRA 7-38-55

Ao conversar com seu cônjuge, é importante lembrar que as palavras transmitem muito pouco do significado — apenas cerca de 7%, de acordo com uma pesquisa feita há meio século por Albert Mehrabian, psicólogo da Universidade da Califórnia em Los Angeles. O restante é comunicado pelo tom de voz e pela linguagem corporal — 38% e 55%[18], respectivamente, segundo a Regra 7-38-55 de Mehrabian.

O psicólogo explicou essa regra em seu livro *Silent Messages*, de 1971[19]. Desde então, ela tem sido usada por vários profissionais, incluindo coaches empresariais e negociadores de reféns do FBI, como Chris Voss. Segundo Voss, é possível obter vantagem lendo sinais não verbais e procurando inconsistências ou contradições entre o que está sendo dito e o que está sendo transmitido pela linguagem corporal — ou seja, mensagens dúbias.

Mehrabian chegou aos seus resultados pedindo que os alunos ouvissem gravações de palavras como *mel*, *talvez* e *bruto*, faladas em três tons diferentes — "positivo", "neutro" e "negativo" —, enquanto olhavam fotos cujo objetivo era transmitir os três estados emocionais equivalentes. Ele constatou que as imagens visuais eram mais eficazes na transmissão do significado.

Os métodos de pesquisa de Mehrabian foram criticados, e ele próprio afirmou[20] em algumas ocasiões que seus resultados foram mal compreendidos e tinham sido tirados de seu contexto. Os números são questionáveis — talvez a divisão devesse ser 10-20-70 ou 30-20-50 —, mas é difícil descartar a ideia geral de que sinais não verbais transmitem melhor o significado do que palavras faladas.

O princípio 7–38–55 é uma ferramenta poderosa de comunicação, tanto para entender o que seu cônjuge está dizendo, ou escondendo, quanto para garantir que você está se comunicando claramente. Se, ao explicar onde estava na noite passada, seu cônjuge usar mais palavras do que o necessário ou falar mais enfaticamente do que o habitual, talvez seja bom investigar. Essa percepção exige que você adquira a disciplina CLBC e deixe seu parceiro se expressar na maior parte da conversa. Sente-se, faça perguntas, deixe longas pausas pairarem e, o mais importante, observe. Repare na linguagem corporal do interlocutor. Escute o tom de voz dele. Controle a própria entonação. Seja aberto e direto com sua linguagem corporal. Não interrogue. Não discuta. Quanto menos você falar, mais aprenderá.

Em situações menos controversas — uma conversa comum ou uma conversa séria sobre o relacionamento e seus sentimentos —, priorize a Regra 7–38–55. Palavras faladas importam, mas não tanto quanto se imagina, e você não precisa de muitas delas. Concentre-se no próprio tom de voz. Se parecer estridente ou excessivamente assertivo, você criará obstáculos que dificultarão o entendimento de seu cônjuge. Preste atenção na própria linguagem corporal. Mantenha o contato visual, uma expressão facial neutra e uma postura aberta.

CUIDADO COM OS QUATRO CAVALEIROS

O jeito de falar está tão ligado ao sucesso de um relacionamento que, apenas ouvindo a conversa de alguém, os psicólogos já sabem se a pessoa acabará se divorciando. Com base na maneira como recém-casados conversavam entre si, John Gottman, psicólogo da Universidade de Washington, desenvolveu um método que podia prever com quase 90% de precisão se eles acabariam se divorciando[21].

Seu trabalho começou com um estudo no qual ele entrevistou 52 casais e observou seu comportamento enquanto respondiam a perguntas sobre a história da relação. Com base nessas conversas, Gottman previu quais casais se separariam[22]. Três anos depois, ao conferir suas previsões, elas foram quase perfeitas.

Já que conseguia prever o término de um relacionamento analisando a forma como as pessoas se comunicavam, Gottman poderia ensinar os casais a "falarem melhor" para que não se divorciassem, ou pelo menos tivessem uma chance maior de ficar juntos. Essa iniciativa se tornou o Método Gottman de Terapia Conjugal, que evoluiu e originou o Instituto Gottman. Seu fundador é autor ou coautor de quarenta livros[23]. Há toda uma indústria construída em torno de suas ideias, e muitos de seus conselhos envolvem maneiras de aprender a calar a boca.

Entre os casais que acabam se divorciando, Gottman identificou quatro formas negativas de interação, que chamou de "Os Quatro Cavaleiros": crítica, desprezo, defensividade e evasão. O desprezo é o pior e surge dos outros três. O psicólogo fala sobre um "transbordamento", a sensação de estar sobrecarregado pelo desprezo ou pela crítica do cônjuge.

Gottman acredita na terapia conversacional e defende a ideia de "aprender a brigar". Embora eu não seja fã de "resolver na base da conversa", há aspectos da abordagem de Gottman que fazem sentido, como a noção de calar a boca e recuar ao sentir o transbordamento.

Faça uma pausa de vinte minutos. Tente se acalmar. Dê uma volta. Tirar um tempo para se tranquilizar pode convencê-lo de que a conversa não é necessária. Mas, se quiser retomá-la, você estará em um melhor estado de espírito[24]. Além disso, ao conseguir se acalmar, será capaz de acalmar seu cônjuge. Se ele retribuir, vocês desenvolverão um círculo virtuoso de tranquilização recíproca.

Gottman utiliza os termos "início áspero" e "início suave" para descrever o começo de uma conversa. Começá-la com sarcasmo ou negatividade só piorará a situação[25]. Iniciá-la com suavidade significa aplicar estratégias CLBC, como manter a voz baixa, fazer pausas, falar devagar e com intenção, usar poucas palavras e escutar.

Outro conselho de Gottman: deixar pra lá. Não é possível resolver tudo, então por que se preocupar? Certos comportamentos continuarão a existir. Talvez você seja casado com uma pessoa que mantém todos os utensílios (liquidificador, batedeira, panela elétrica, torradeira, chaleira, tábuas de corte) no balcão da cozinha, mesmo que alguns raramente sejam usados e deixem o minúsculo espaço bagunçado. A desorganização o enlouquece, mas, quando você guarda os utensílios, seu cônjuge os coloca de volta no balcão. (Pergunte-me de onde tirei esse exemplo.) É um problema que você não vai resolver. Quer terminar a relação por causa disso?

Aprenda a se comprometer e entenda o que significa compromisso: "Não se trata de mudar, mas de negociar e descobrir formas de se adaptar um ao outro. O compromisso só é possível quando as falhas do cônjuge são aceitas", aconselha o Instituto Gottman[26].

Treine-se para ignorar a bagunça na cozinha. Aprenda a ser um pouco cego e um pouco surdo. Lembre-se de calar a boca.

ENSINE-SE A PARAR

Jon Kabat-Zinn obteve um doutorado em biologia molecular no Instituto de Tecnologia de Massachusetts[27], mas depois estudou budismo e acabou se tornando professor de atenção plena e fundador da Clínica de Redução de Estresse da Faculdade de Medicina da Universidade de Massachusetts. Kabat-Zinn desenvolveu um método chamado "PARE"[28], amplamente utilizado na terapia cognitivo-comportamental e bastante útil para os relacionamentos. Essa habilidade pode ajudar você a calar a boca quando estiver prestes a dizer algo que lhe causará problemas ou arrependimentos.

PARE significa:

- *Pausar*: pause o que está fazendo; não diga o que estava prestes a dizer.

- *Acalmar*: acalme-se e respire fundo para controlar as emoções.

- *Refletir*: o que está acontecendo em seu interior? Quais são as sensações em seu corpo? Por que está se sentindo assim?

- *Expressar*: se ainda achar importante ou necessário falar, faça-o com intenção e atenção plena. Mas talvez você possa simplesmente deixar esse pensamento de lado.

Esse breve exercício é ridiculamente simples, mas terrivelmente difícil. É preciso disciplina e prática para aprender a frear. Mas, desde que eu e minha esposa reatamos nossa relação, ele me salvou mais vezes do que eu gostaria de admitir.

A REGRA DO SEMÁFORO

Segundo Marty Nemko, psicólogo, coach de carreira e apresentador da NPR, as pessoas param de prestar atenção no outro após trinta segundos. Então, quando você sai para tomar um café com alguém que acabou de conhecer no Tinder, não é suficiente aplicar a Regra 60–40. Também é preciso dividir seus comentários em blocos menores.

Para alcançar esse objetivo, Nemko desenvolveu a Regra do Semáforo. Durante os primeiros trinta segundos, o sinal está verde e você pode falar à vontade. Mas, após esse tempo, o sinal fica amarelo. A atenção de seu parceiro começa a dispersar, ou, pior, talvez ele queira que você conclua logo. Você pode atravessar o sinal amarelo, mas proceda com cautela e somente após ler a expressão facial e a linguagem corporal alheias. Se perceber um olhar vago, passe a bola.

Depois de um minuto, você atinge o sinal vermelho. Seu contato do Tinder parou de ouvi-lo e, em vez disso, está olhando para outra pessoa na parte de trás da cafeteria. Continue assim por mais tempo, e ele pegará o celular para conferir se há outros *matches* no Tinder.

"Um dos raros momentos em que você deve 'atravessar o sinal vermelho' é quando seu ouvinte está totalmente interessado no assunto"[29], aconselha Nemko. "Mas, geralmente, quando a fala excede um minuto, a cada segundo que passa, você aumenta o risco de entediar seu ouvinte e passar a impressão de tagarela, chato ou presunçoso."

Nemko sugere parar aos trinta segundos e conferir se a outra pessoa ainda está interessada em ouvir. Se for o caso, ela sinalizará. Mas é raro acontecer. Se você precisa explicar algo por mais de um minuto, o psicólogo recomenda dividir a fala em blocos de trinta segundos, parando ao final de cada um para fazer perguntas. "Faz sentido? Qual é sua opinião?"

De acordo com Mark Goulston, colega de Nemko e defensor da Regra do Semáforo, a perda de atenção aos trinta segundos tem uma explicação científica, relacionada à neurofisiologia e aos hormônios. Goulston, psiquiatra e autor de *Just Listen: Discover the Secret to Getting Through to Absolutely Anyone*, explica que, quando uma pessoa começa a se expressar, seu cérebro fica embebido em dopamina, o hormônio do bem-estar. E ela não quer interromper o processo. O resultado é o que ele chama de surdez momentânea[30]: "Quando você dispara a falar, é como se tapassem seus ouvidos."

O problema é que, enquanto você gera dopamina, a outra pessoa produz cortisol, o hormônio do mal-estar e da resposta de luta ou fuga, que desencadeia estresse ou ressentimento. Pense em como você se sente quando alguém se prolonga muito em uma conversa. Começa a ficar ansioso, até claustrofóbico, e não vê a hora de escapar. Mais importante, preste atenção à rapidez com que esse incômodo emerge — segundo Nemko, provavelmente em trinta segundos, e certamente em menos de um minuto. O desafio é que a percepção do tempo varia. Quando estamos falando, trinta segundos parecem três segundos, mas, quando estamos ouvindo, parecem três minutos.

Uma dica profissional: pratique com um smartwatch. Configure um temporizador para que o relógio vibre aos trinta ou sessenta segundos. Comece com um telefonema ou uma videochamada, para que a outra pessoa não observe o processo. Mas, com o toque discreto de um botão, é possível usar essa estratégia pessoalmente. Após um tempo, você saberá quando os trinta ou sessenta segundos passaram sem precisar do temporizador. Também é possível usar um cronômetro para medir o início de seu incômodo quando alguém está falando. Você pode até quantificar seu nível de irritação ao monitorar a frequência cardíaca.

Nemko admite que é difícil ser breve, mas enfatiza que, ao seguir a Regra do Semáforo, não se trata apenas de ser generoso ou educado. Você não está ajudando o outro, está ajudando a si mesmo: "Você vai obter mais do que deseja se deixar de ser um falastrão e se tornar uma pessoa que escuta tanto quanto fala."

A propósito, a Regra do Semáforo também se aplica a perfis do Tinder. Sean Rad, fundador do aplicativo, explica como criar o perfil ideal: "Seja objetivo"[31], disse ele à *GQ*. "Ninguém quer se deparar com um livro. O limite de quinhentos caracteres existe por uma razão."

Esses quinhentos caracteres equivalem a pouco mais de cem palavras, com um tempo de leitura de uns vinte segundos. Talvez seja ainda melhor ficar abaixo do limite. A ideia é despertar interesse nos outros sem revelar muitos detalhes; assim, haverá um motivo para marcar uma conversa na vida real. Quando esse encontro acontecer, lembre-se da Regra do Semáforo e cale a boca.

9
CLBC É PODER

Se um funcionário da Condé Nast envia um e-mail[1] para Anna Wintour reclamando de um colega, a editora da *Vogue* e chefe de conteúdo de todas as revistas da empresa toma uma medida drástica: em vez de responder, ela envia o e-mail para a pessoa da qual o funcionário reclamou. Acho que ninguém comete esse erro duas vezes. Além disso, Wintour nunca preenche o assunto dos e-mails[2]. Por que perder tempo?

Jeff Bezos, fundador da Amazon, emprega seu "Método do Ponto de Interrogação". Se alguém de dentro ou de fora da empresa lhe envia um e-mail com uma reclamação, ele o encaminha para o responsável, adicionando um único caractere[3]: "?" As pessoas temem receber essa mensagem do chefe, um homem notoriamente exigente.

É o poder silencioso em ação. Bezos e Wintour não precisam levantar a voz. Não precisam falar nada. Tudo o que fazem é clicar — e as pessoas tremem. O fato de os dois já serem pessoas poderosas e assustadoras ajuda bastante. Ambos praticam o método de gestão do Reinado de Terror e têm uma capacidade sobre-humana de fazer os outros chorarem. Ambos também cultivam a aparência de vilões de James Bond. Wintour é britânica, usa enormes óculos de sol, e pode ser que ela tenha uma segunda fileira de pequenos dentes afiados. Sua crueldade e intransigência são lendárias. O mesmo vale para Bezos, que insulta os altos executivos e, apesar de ter um patrimônio líquido de mais de US$100 bilhões, teria dito aos funcionários que eles deveriam *pagá-lo* para trabalhar na Amazon[4]. Bezos já foi um zé-ninguém, mas, desde que se tornou bilionário, transformou-se em Doctor Evil: cabeça raspada, superiates, naves espaciais fálicas, jaquetas Nehru.

Mesmo no início de sua carreira, trabalhando em cargos de nível básico aos 20 e poucos anos, Wintour se destacava por não dizer quase nada, tal como seu pai, um poderoso editor de jornal em Londres. Nos jantares, ela se sentava em silêncio. "O poder de Anna naquela época, como assistente de moda, estava em seu silêncio"[5], contou um conhecido a Amy Odell, autora de *Anna: The Biography*. Outra pessoa disse ter ficado impressionada com seu "silêncio de gato de Cheshire. Havia muita coisa acontecendo na cabeça dela, dava para perceber, mas ela simplesmente não compartilhava." Certa vez, a caminho de uma reunião, Wintour não falou uma palavra, levando um colega a questioná-la: "Você não conversa?" Ela respondeu: "Converso com meus amigos."

Bezos e Wintour usam o silêncio não para *obter* poder — eles já têm o suficiente —, mas para *mantê-lo*. Ambos entendem algo importante: silêncio é poder, e poder é silêncio. Falar é desperdício de poder. É como se cada palavra drenasse a energia de uma bateria totalmente carregada. "Pessoas poderosas impressionam e intimidam falando menos", declara Robert Greene em *As 48 Leis do Poder*, manual de sua autoria sobre como obter poder e exercê-lo a seu favor. "Quanto mais fala, mais comum você parece." A terceira e a quarta das 48 leis de Greene são: "Oculte suas intenções" e "Diga sempre menos do que o necessário."

Quanto menos você fala, mais misterioso se torna, e o mistério é poderoso. Andy Warhol se recusava a explicar suas pinturas e enlouquecia os entrevistadores com respostas estranhas e evasivas. Certa vez, no *The Merv Griffin Show*, ele se comunicou com acenos e sussurros, dizendo apenas "sim" e "não". Era impossível desviar o olhar. "Aprendi que você tem mais poder quando cala a boca"[6], afirmou Warhol.

Pessoas poderosas sempre falam menos do que aqueles ao redor. É por isso que não existe o tipo forte e falastrão. Os faladores excessivos são percebidos como fracos, incompetentes e inseguros, enquanto os faladores comedidos são vistos como fortes, misteriosos e confiantes. Pense na diferença entre Clint Eastwood no papel de Dirty Harry e Jim Carrey no papel de Ace Ventura. Ambos são detetives, mas um é valentão, e o outro, bobalhão. Um se relaciona com mulheres, e o outro vive com um macaco chamado Spike.

Mesmo que não queira ser um detetive de São Francisco que faz justiça com as próprias mãos enquanto empunha o revólver mais poderoso do mundo, ou um editor tirânico de revista de moda que intimida subordinados, ou um bilionário da tecnologia que viaja ao espaço em foguetes, você precisa de poder. Ter poder é como sobrevivemos. É como exercemos controle sobre o mundo ao redor, desde pequenos detalhes cotidianos até decisões importantes e transformadoras. Nosso cérebro anseia por estar no controle e teme se sentir indefeso ou impotente[7]. Esse sentimento foi o que levou tantas pessoas à loucura durante o lockdown da Covid-19.

No entanto, sem nem perceber, a maioria das pessoas desperdiça o poder de formas distintas. Pense em um grande erro de sua vida — do tipo de que você se envergonha, de que se arrepende ou que gostaria de consertar. Geralmente, de uma forma ou de outra, o problema ocorre porque você desperdiça poder. Você perde o controle. Abre mão de uma vantagem. Não cala a boca.

Luís XIV era um falastrão por natureza, mas ele se treinou para calar a boca e, assim, exercer poder sobre os outros. Ao ficar em silêncio e deixar os outros falarem, Luís XIV aprendia tudo sobre eles, enquanto as pessoas nunca sabiam o que ele estava pensando. "O silêncio de Luís XIV mantinha aqueles ao redor aterrorizados e sob seu controle. Era um dos alicerces de seu poder", escreve Robert Greene.

CONCISÃO TRANSMITE PODER

Aqui está o segredo para uma comunicação poderosa: quanto menos palavras você usar, mais impacto cada uma delas terá. O discurso "Ich bin ein Berliner", do presidente John F. Kennedy, no Muro de Berlim durou menos de dez minutos. O discurso "Dia da Infâmia", de Franklin Delano Roosevelt, durou seis minutos e meio. O discurso "Nunca Desista", de Winston Churchill, durou quatro. Certamente, é possível concluir uma reunião matinal em menos tempo do que esses líderes levaram para motivar nações.

Uma boa maneira de começar é com e-mails. Pessoas poderosas não têm tempo para escrever mensagens longas. A mesma regra se aplica às reuniões: mantenha-se breve e objetivo. Quanto menos e-mails enviar e quanto menos palavras usar, mais poderoso você parecerá.

Guy Kawasaki, guru do marketing, diz que o e-mail perfeito contém cinco frases[8]. É aceitável escrever menos, mas nunca escreva mais do que isso. E-mails longos arruínam a produtividade e sobrecarregam o destinatário. De acordo com a McKinsey, o trabalhador médio passa 28% do dia lendo e-mails[9]. Por que contribuir para esse oceano de inutilidade?

Tina Brown, ex-editora da *New Yorker*, era quase tão aterrorizante quanto Anna Wintour. Em determinado momento, as duas competiam para ver quem era a mais malvada na Condé Nast, um lugar tão cruel que as pessoas o chamavam de "Condé Nasty". Tal como Wintour, Brown era hábil na arte da comunicação poderosa. Parte de sua lenda entre os funcionários inclui uma memorável (e possivelmente apócrifa) mensagem de texto enviada a um editor sobre um autor chamado Nathaniel Fick. Ela simplesmente perguntou: "Fick ou f*ck?"

E-mails breves mostram às pessoas que você está ocupado e que sabe do que está falando. E-mails longos e confusos passam a impressão de que você não sabe o que está fazendo, não refletiu o suficiente e não respeita o tempo alheio.

Tente usar a Regra dos 50%. Escreva o e-mail, conte as palavras e reescreva-o usando metade delas. Você leva mais tempo para escrever uma mensagem breve, mas ela terá mais impacto. Quanto mais curto, maior a probabilidade de o e-mail ser lido. E lembre-se: o discurso de Gettysburg, de Lincoln, continha 272 palavras. Sua atualização sobre o novo plano de marketing realmente merece mais do que isso?

O número ideal de palavras em um e-mail é zero. Ou seja: não envie nada. Mesmo quando alguém lhe mandar uma mensagem, você nem sempre precisa responder. Nas palavras de David Byrne: "Quando não tenho nada a dizer, fico em silêncio." Você pode usar essa técnica com mais frequência do que imagina.

Certa vez, Steve Jobs disse que tinha orgulho tanto dos produtos que não criou quanto dos que criou. Eu sinto o mesmo em relação às mensagens e aos e-mails que não enviei.

O EFEITO STREISAND

Em 2003, a atriz e cantora Barbra Streisand processou um fotógrafo que havia publicado fotos aéreas da propriedade da artista em Malibu. Ela alegou que as fotografias eram uma invasão de privacidade e exigiu que ele as retirasse do site. Mas o processo acabou tendo o efeito contrário. De repente, centenas de milhares de pessoas que nunca haviam se perguntado onde ela morava decidiram acessar o site para ver as fotos. Os esforços de Barbra Streisand atraíram mais atenção para o que ela desejava esconder, um fenômeno que ficou conhecido como Efeito Streisand.

A lição é: ao gerenciar um conflito, o silêncio às vezes é a melhor saída, pois tudo o que disser ou fizer, em vez de aumentar, desperdiçará o poder que você tem. Quanto mais fala, mais fraco fica. Foi parado pela polícia? Diga o mínimo possível. Não há vantagem em falar. Mesmo que não receba a Advertência de Miranda, qualquer coisa que disser pode e provavelmente será usada contra você. Foi ofendido na internet? Cale a boca. Em 2018, um restaurante na Virgínia foi criticado após se recusar a servir Sarah Huckabee Sanders, secretária de imprensa do presidente Donald Trump. A coproprietária do restaurante, uma amiga minha, queria se defender, mas decidiu que a melhor maneira de gerenciar a crise era manter um silêncio sepulcral. Não foi fácil — ela não leva desaforo —, mas sua recusa em falar a tornou poderosa. Um ano após o incidente, seu negócio estava em alta.

Às vezes, advogados experientes ganham poder sobre a outra parte ao ignorar suas mensagens. Em certas situações, nada que se possa dizer será melhor do que não dizer nada. Na comunicação com a outra parte, o advogado Bret Rappaport incentiva os colegas de profissão a empregarem o "silêncio eloquente"; recusar-se a responder diz muito. Rappaport cita o linguista William Samarin, um dos primeiros acadêmicos a considerar o silêncio como mais do que apenas um espaço vazio[10]. Samarin escreveu: "O silêncio pode ter significado. Assim como o zero na matemática, ele é uma ausência que tem uma função." Ou como Che Guevara afirmou: "O silêncio é argumento realizado por outros meios."

SETE, UM NÚMERO MÁGICO

Comunicadores poderosos não apenas usam menos palavras, mas também quebram o fluxo de fala em pequenos blocos separados por pausas, aproveitando-se da maneira como nosso cérebro funciona.

Há mais de meio século, George Miller, psicólogo de Harvard, publicou um dos artigos mais famosos da área, "The Magical Number Seven, Plus or Minus Two: Some Limits on Our Capacity for Processing Information". Miller determinou que nosso cérebro armazena entre cinco e nove informações na memória de curto prazo e divide sequências de palavras ou números em blocos. Atenha-se à Lei de Miller — "sete mais ou menos dois" —, e suas palavras terão mais impacto. Fale em blocos separados por pausas. Ao assistir a um vídeo do presidente Barack Obama discursando, é possível ver essa técnica em ação. Não precisa usar longas pausas como Obama faz ao discursar para milhares de pessoas. Você pode ser mais sutil. Outro benefício das pausas é que elas lhe dão a chance de evitar arrependimentos — de ser mais intencional em vez de apenas disparar palavras.

O CEO VERSUS O INVASOR CORPORATIVO

Indra Nooyi foi uma das maiores CEOs de grandes empresas das últimas duas décadas. Sempre que há uma lista das mulheres mais poderosas do mundo, ela é incluída, e geralmente perto do topo. Mas é provável que você nunca tenha ouvido falar dela. Em parte porque, em vez de administrar uma dessas grandes empresas de tecnologia do Vale do Silício, Nooyi administrava a PepsiCo. Mas também porque, ao contrário de muitos desses caras da tecnologia, ela fazia questão de manter um perfil discreto.

A PepsiCo não tem o apelo das redes sociais e dos carros autônomos, mas é um enorme conglomerado global que gera US$80 bilhões em vendas anuais — mais do que a Tesla e o Twitter juntos. A empresa é ou já foi dona de dezenas de outras marcas, como Taco Bell, Pizza Hut, KFC, Frito-Lay, Tropicana, Quaker Oats e Gatorade. É uma organização extremamente complexa, com mais de cem anos, e emprega 270 mil pessoas, cujos meios de subsistência dependem das boas decisões de um CEO.

Assumir uma corporação da Fortune 500 é um desafio monumental para qualquer um, mas as mulheres que escalam essa montanha enfrentam desafios extras. Em 2006, quando Nooyi assumiu as rédeas da PepsiCo, somente dez empresas da Fortune 500 tinham uma mulher no cargo de CEO. De toda a Fortune 1000, havia apenas vinte diretoras-executivas.

Nooyi não é uma pessoa que se autopromove. Ela não evitava a imprensa, mas também não a cortejava. (É chocante a quantidade de CEOs de grandes empresas que se esforçam para sair em capas de revistas.) Quando se tratava de jornalistas, "sempre fui cautelosa", lembra Nooyi em sua autobiografia. Ela é simpática e bem-humorada, com um sorriso cativante. Mas também é resoluta e inteligente. Graduada em física, química e matemática, obteve um mestrado em negócios na Yale. Seria um grande erro subestimá-la, mas é claro que, quando Nooyi se tornou CEO da PepsiCo, alguns o fizeram.

O mais notável foi um invasor corporativo chamado Nelson Peltz, uma versão ainda mais intimidadora de Gordon Gekko. Peltz cresceu no Brooklyn, dirigiu caminhões para a atacadista de hortifrútis da família e nunca terminou a faculdade. Atualmente, ele e a terceira esposa, uma ex-modelo, moram na Montsorrel, uma suntuosa mansão de US$100 milhões em Palm Beach. Em 2016, ele arrecadou muito dinheiro para seu vizinho Donald Trump.

Você entendeu a ideia.

Peltz fez fortuna forçando seu caminho para dentro das empresas, dividindo-as e vendendo-as em partes. Seus alvos eram grandes conglomerados, e ele parecia ter uma "obsessão por empresas da Fortune 500 administradas por mulheres", escreveu Patricia Sellers na *Fortune*, observando que Peltz havia perseguido Irene Rosenfeld, CEO da Mondelez, e Ellen Kullman, CEO da DuPont, antes de atacar Nooyi.

Logo após assumir o cargo de CEO, Nooyi declarou que levaria a empresa em uma nova direção, adicionando alimentos saudáveis à linha de produtos. A PepsiCo se tornaria líder em sustentabilidade e questões ambientais. E, significativamente, ofereceria mais apoio às mulheres e às famílias. Não se tratava apenas de complacência, mas de competitividade. O plano não traria resultados imediatos. Nooyi calculou que levaria dez anos, mas, se tudo corresse bem, a PepsiCo prosperaria por mais um século. Em vez de se ater a resultados de curto prazo, a CEO adotou uma perspectiva de longo prazo. E assumiu um grande risco. A paciência não é o forte de Wall Street. Mas Nooyi sabia que estava agindo da forma certa.

Sentindo a vulnerabilidade da diretora-executiva, Peltz comprou várias ações da PepsiCo e iniciou uma tentativa de ocupação hostil. Passou a exigir assentos no conselho, na esperança de intimidar Nooyi a vender divisões da empresa para que ele pudesse obter um lucro rápido em suas ações. Peltz a atacou na imprensa, criticando cada decisão e aproveitando cada ínfimo deslize. Agindo na surdina, pressionou os membros do conselho da PepsiCo a se livrarem de Nooyi. A CEO permaneceu impassível. Sempre que ele solicitava uma reunião, ela arranjava tempo e o escutava respeitosamente. "Se você tiver uma ótima ideia, ficarei satisfeita em ouvi-la", dizia Nooyi. "Mas não tenho nenhuma pretensão de destruir uma excelente empresa."

Na esperança de obter apoio em Wall Street, Peltz publicou uma carta aberta de 37 páginas explicando sua proposta de dividir a PepsiCo, argumentando que os investidores ganhariam mais dinheiro ao se unirem contra a empresa. A PepsiCo respondeu com a própria carta aberta, agradecendo ao Sr. Peltz pelo interesse na empresa e lhe garantindo que o conselho havia estudado a proposta, mas tinha decidido manter o plano de longo prazo da CEO.

Peltz continuou atacando Nooyi por *três anos*. A intenção era criar um espetáculo para distrair a CEO e fazê-la incorrer em erro ao defender sua estratégia e reagir aos ataques em vez de administrar a empresa. Mas não importava o quanto Peltz a provocasse, Nooyi nunca revidou. Por que deveria? Nos bastidores, talvez se defendesse da pressão do conselho, mas, em público, quando se tratava de Peltz, ela projetava uma serenidade esfíngica — um silêncio eloquente.

Tenho certeza de que isso o enlouquecia.

Após algum tempo, o plano de transformação da CEO começou a dar frutos. As vendas aumentaram. As ações subiram. A PepsiCo continuou a pagar generosos dividendos aos investidores. Peltz havia feito papel de idiota. Em vez de se deleitar com sua humilhação, Nooyi o ajudou a se render, de modo que ele mantivesse a própria reputação. Os dois anunciaram uma trégua. Ela concordou em dar um assento no conselho para William Johnson, um dos consultores de Peltz. A reviravolta foi que Johnson já tinha sido o CEO da Heinz e, durante seu mandato, havia perdido uma acirrada batalha por procuração com Peltz. A mensagem de Nooyi para o invasor poderia ser interpretada da seguinte forma: *Claro, vamos ceder um assento no conselho, mas apenas para um cara que não teve coragem de enfrentar você*. A CEO fez uma declaração pública agradecendo a Peltz pelas "discussões construtivas" e pela "contribuição valiosa". Ele vendeu suas ações e desapareceu.

Nooyi não comemorou nem se vangloriou. Não precisava. Todos sabiam quem era o vencedor e quem era o perdedor. Três anos depois, em 2018, ela se aposentou. Em doze anos, Nooyi dobrou o valor de mercado da PepsiCo de US$90 bilhões para US$180 bilhões, o que a tornou uma das melhores CEOs de sua época. A *Forbes* nomeou-a como a segunda mulher mais poderosa do mundo dos negócios. Em 2021, ela publicou sua autobiografia, na qual dedicou apenas duas páginas a Peltz. Nooyi não expressou rancor ou ressentimento pela forma como ele a tratou. No entanto, ressaltou que, graças ao sucesso de seu plano, Peltz obteve um lucro considerável nas ações da PepsiCo.

Isso é poder.

É POSSÍVEL APRENDER MUITO COM A MÁFIA

Em *O Poderoso Chefão: Parte II*, o jovem Vito Corleone, interpretado por Robert De Niro, pede a Roberto, um senhorio da vizinhança, que mude de ideia sobre despejar uma mulher do apartamento dela. Roberto manda Corleone dar o fora e até ameaça "chutar seu traseiro siciliano". Logo depois, Roberto aparece no escritório de Corleone. As pessoas da vizinhança lhe contaram sobre o jovem, e o senhorio fica apavorado. Está gaguejando. Tremendo. Admite que cometeu um erro. *Claro*, a mulher pode ficar no apartamento! Corleone não diz nada. Por dez segundos. Roberto, que anteriormente queria aumentar o aluguel da mulher em cinco dólares, faz uma nova oferta.

"O aluguel permanece como antes", afirma ele.

Corleone ainda não diz nada.

"Vou baixar o valor do aluguel em cinco dólares", declara Roberto.

Novamente, Corleone deixa o silêncio pairar.

"Dez dólares, Don Vito."

Pronto. O acordo está fechado.

"Dez? *Grazie*", responde Corleone.

Os dois apertam as mãos. Roberto, ainda gaguejando, corre porta afora.

Corleone tem a vantagem e está no controle da situação. Ele barganha sem usar palavras. Quanto mais espera, mais se beneficia na negociação.

Um silêncio poderoso permeia os filmes *O Poderoso Chefão*. Michael Corleone é tão magistral com o silêncio quanto seu pai. E isso não acontece só nos filmes. Na vida real, os membros da máfia seguem a regra de omertà, um código de silêncio.

Você provavelmente nunca ouviu falar de Lew Wasserman, mas, se tivesse trabalhado em Hollywood entre 1950 e 1990, teria vivido com medo dele. Charlton Heston o chamou de "o poderoso chefão da indústria cinematográfica"[11], e a conotação foi intencional: Wasserman se associava a mafiosos.

Wasserman comandava a MCA, um conglomerado de entretenimento que possuía estúdios de cinema e gravadoras e exercia controle sobre o rádio e a televisão. Certa vez, Jack Valenti, um lobista da indústria cinematográfica, afirmou: "Se Hollywood é o Monte Olimpo, Lew Wasserman é Zeus." Os executivos do estúdio tinham tanto medo de Wasserman que alguns desmaiavam ou até vomitavam quando ele manifestava sua ira.

O verdadeiro segredo para o sucesso de Wasserman, no entanto, era que sabia calar a boca. Ninguém fazia ideia do que ele estava pensando. Só era possível supor. Ele raramente dava entrevistas. Não confiava em ninguém e não colocava nada no papel. Reunia informações sobre todos ao redor, mas não revelava nada sobre si mesmo. Wasserman aprendeu essa característica com seu mentor, um chefe de estúdio chamado Jules Stein. Como Connie Bruck, biógrafa de Wasserman, escreve em *When Hollywood Had a King*[12], Stein era conhecido por "escolher as palavras com extremo cuidado, como se tivesse que pagar por elas."

Uma conversa é uma transação. É uma troca de informações. As pessoas poderosas ganham mais do que gastam.

VIDA LONGA AO FALADOR COMEDIDO

A melhor prova da conexão entre o poder e o CLBC é Joe Biden. Ele passou mais de três décadas tentando ser eleito presidente dos EUA — concorreu pela primeira vez em 1988 — e sempre arruinava suas chances com gafes. Ele era o Michelangelo da fala imprudente.

Em 2008, Biden disse a um repórter de origem indiana: "Em Delaware, o maior crescimento da população é de indo-americanos que chegam da Índia. Você não pode ir a um 7-Eleven ou a um Dunkin' Donuts a menos que tenha um leve sotaque indiano. Não é verdade?" Em um comício na Carolina do Sul, ele pediu a um senador estadual: "Levante e deixe as pessoas verem você." Então, percebendo que o senador era paraplégico e estava em uma cadeira de rodas, Biden afirmou: "Oh, que Deus o abençoe. Do que estou falando?"

Durante a campanha de 2008, Biden cometeu tantos erros que o Comitê Nacional Republicano criou um Contador de Gafes Joe Biden. Depois que Obama o escolheu como seu companheiro de chapa, o outro o chamou de "Barack América". O *New York Times* descreveu Biden como uma "destruição verbal humana"[13] e disse: "Um dia de campanha sem uma gafe vergonhosa é uma bênção rara."

Os disparates de Biden repercutiram tanto que, quando o cientista político Stephen Frantzich publicou um livro sobre gafes políticas em 2012, ele colocou Biden na capa e disse que não conseguia imaginá-lo desenvolvendo a disciplina necessária para se tornar presidente. Oito anos depois, em 2020, Biden parecia destinado a fracassar novamente. No primeiro debate das primárias democratas, ele se atrapalhou, errou e foi superado pelos demais candidatos. Mas, então, um milagre aconteceu. Biden mudou, tornando-se praticamente outra pessoa. Dava respostas breves e não desviava do assunto. Seus assessores o mantinham longe dos repórteres.

Quando falava com a imprensa, ele respondia a somente algumas perguntas, não dizia muito e saía logo.

A transformação de Biden "mostra a capacidade da força de vontade", disse-me Frantzich. "Ele tinha bons conselheiros. Tinha pessoas para ensiná-lo. Biden percebeu que [falar demais] era um obstáculo que ele precisava superar. Mas queria a presidência o bastante para ser capaz de fazê-lo." Para os conselheiros que trabalharam com ele, "foi uma combinação de ensiná-lo e de não deixá-lo falar muito."

Após assumir a presidência, Biden continuou a usar o silêncio como arma. Durante as primeiras semanas de 2021, ele fez chamadas com líderes estrangeiros, mas excluiu o primeiro-ministro israelense Benjamin Netanyahu, o que alguns interpretaram como uma forma de sinalizar descontentamento com as políticas de Netanyahu e enfraquecê-lo antes de uma eleição. A Casa Branca negou um possível menosprezo por parte do presidente. Porém, alguns meses depois, em junho de 2021, Netanyahu foi deposto do cargo após doze anos governando o país.

SENADOR, VOCÊ NÃO É JACK KENNEDY

A melhor e mais contundente réplica política teve apenas 22 palavras e levou apenas 10 segundos para ser dita. E é por isso que funcionou.

Em um debate vice-presidencial de 1988, o senador Lloyd Bentsen, um democrata, enfrentou o senador Dan Quayle, um republicano. Texano e alto, Bentsen tinha 67 anos e servia no Congresso desde a década de 1940. Com 41 anos, Quayle era um novato inexperiente que não parecia ser muito dotado de inteligência.

Durante o debate, o moderador perguntou a Quayle se ele se sentia qualificado para servir como presidente, caso necessário. Quayle ficou irritado e gastou quase dois minutos em um argumento não muito convincente, mencionando que ele tinha uma experiência semelhante à de John F. Kennedy quando esse concorrera à presidência.

Ao ouvir essas palavras, Bentsen parecia um gato que acabara de encurralar um rato. Quando seu adversário terminou de falar, o texano virou-se, olhou diretamente para ele e disse: "Senador, eu servi com Jack Kennedy. Eu conheci Jack Kennedy. Jack Kennedy era um amigo meu." Ele pausou por dois segundos e deu o golpe final: "Senador, você não é Jack Kennedy." Bam! O público irrompeu em aplausos e gritos que duraram quinze segundos. O adversário foi praticamente nocauteado.

No fim das contas, Quayle se tornou vice-presidente, mas nunca superou o insulto. Foi como se Bentsen tivesse dado um tapa na cara dele e deixado uma marca permanente. O *Saturday Night Live* começou a retratar Quayle como uma criança sentada no colo do presidente. A frase em si se tornou parte do léxico cultural. Versões dela apareceram em comédias de TV e filmes. A banda Megadeth a incluiu em uma música. A fala tem até a própria página na Wikipédia.

A réplica de Bentsen é uma aula magistral sobre como usar menos palavras para transmitir mais poder. Bentsen não recorreu a uma descrição prolixa das diferenças entre Kennedy e Quayle. Ele não argumentou com fatos nem perdeu tempo entrando em detalhes para provar que Quayle não tinha tanta experiência quanto Kennedy. Apenas proferiu aquelas 22 palavras. Quatro sentenças curtas e declarativas. Ele gastou menos e ganhou mais.

O PODER DE SER SUBESTIMADO

Por quinze anos, Angela Merkel foi a mulher mais poderosa do mundo — e, possivelmente, a mais entediante. Em particular, a chanceler alemã adorava contar piadas. Ela até fazia imitações de outros líderes mundiais. Mas, em público, mantinha a discrição. Era impassível, severa, insensível, uma mestra do CLBC. "Ao longo de sua carreira, Merkel teve a virtude de esperar o momento certo e manter a boca fechada"[14], escreveu George Packer na *New Yorker*, chamando-a de "a alemã silenciosa".

Enquanto seus rivais políticos egomaníacos e machos alfa se exibiam e faziam questão de dar discursos, Merkel se continha e se certificava de que ninguém soubesse o que estava pensando. Ela ascendeu ao poder apenas observando, aguardando e estudando seus oponentes, sem revelar nada sobre si mesma. Como disse um observador: "É a ausência de carisma que a torna carismática."

Merkel era o zolpidem da política, proferindo discursos que pareciam ter sido elaborados para fazer as pessoas dormirem. Mas sua falta de carisma enganava os outros, que acabavam por subestimá-la. Por trás da fachada entediante, ela era implacável. Merkel teve sua primeira grande oportunidade quando o chanceler Helmut Kohl a colocou sob sua proteção e a incluiu em seu gabinete. Ela teve sua segunda grande oportunidade ao escolher o momento oportuno para criticar Kohl na imprensa e substituí-lo como presidente do partido nove anos depois.

Merkel, uma ex-cientista com doutorado em física, era mais esperta do que as pessoas ao redor e, geralmente, estava muitos passos à frente delas. No entanto, ela deixava os outros monopolizarem as conversas. Detestava papo-furado, não tolerava desaforos e excluía as pessoas que quebravam sua confiança. Como chanceler, ela evitou entrevistas, nunca usou as redes sociais[15] e até se recusou a cooperar com um biógrafo.

"Ela é uma mestra da escuta", afirmou um associado. "Em uma conversa, Merkel fala 20%; o interlocutor, 80%. Ela passa a impressão de que está disposta a ouvir o que você tem a dizer, mas a verdade é que seu julgamento leva apenas três minutos, e às vezes Merkel considera os outros dezoito minutos um tempo perdido. Ela é como um computador, capaz de analisar rapidamente a viabilidade de uma proposta."

Merkel desconfiava da retórica elevada de Barack Obama e ficava desconfortável em sua presença, pois ele também guardava seus pensamentos, e ela não conseguia decifrá-lo. A chanceler sabia lidar com líderes machistas e incisivos como o presidente russo Vladimir Putin, mas o reservado e racional Obama, que não se demonstrava ríspido em público, permanecia um enigma. De acordo com o associado de Merkel, ela e

Obama "são como dois assassinos na mesma sala. Eles não precisam falar — ambos são silenciosos, ambos são matadores".

Na verdade, Obama sabia como afetar Merkel — e, assim como a chanceler, ele usava o silêncio como arma. Em 2011 e 2012, durante uma crise da dívida europeia, quando a administração dos EUA achou que Merkel estava sendo inflexível e atrapalhando o restante da Europa e do mundo, Obama parou de falar com ela. A equipe da chanceler entrou em contato para marcar uma reunião, e a Casa Branca simplesmente ignorou — uma mensagem clara para Merkel. Em uma reunião acalorada durante a crise, o presidente teria aborrecido tanto a chanceler que ela começou a chorar[16] — comprovando o domínio de Obama sobre o poder silencioso.

Merkel sabia que o silêncio é a expressão máxima de superioridade e que, quando se tem poder, não é preciso responder a ataques. Ela apenas ficava calada e deixava seus oponentes brigarem sozinhos. Certa vez, uma política de um pequeno partido de esquerda proferiu um discurso inflamado no Bundestag, acusando Merkel de ser uma fascista que operava no "implacável estilo alemão antigo". A mulher basicamente chamou a chanceler de nazista — uma acusação incendiária em qualquer lugar, mas especialmente na Alemanha.

Os aliados de Merkel ficaram furiosos, desencadeando uma discussão acalorada. Ela, no entanto, fez questão de ignorar a situação e parecer entediada. Sua mensagem tácita: *Fale o que quiser, eu ainda estou no comando. E muito obrigada por garantir que, nas próximas eleições, seu fraco partido receba ainda menos votos. Parabéns.*

Recusar-se a responder aos ataques é como oferecer uma poção de encolhimento. Quanto mais o interlocutor fala, menor ele fica. Os ataques perdem força e começam a parecer ridículos — como as birras de uma criança. Mesmo que o interlocutor diga coisas terríveis e ofensivas, na esperança de provocar uma resposta, ignore as palavras e concentre-se na atuação. Saiba que quanto mais ele fala, mais poderoso você se torna. Aproveite o espetáculo.

STEVE JOBS, LÍDER DE CULTO

Eu costumava escrever sobre tecnologia para a *Newsweek*. Nesse ramo, você sempre tenta conseguir entrevistas com CEOs famosos e logo aprende a mensurar o poder alheio, pois adquire uma percepção certeira: quanto menos alguém quer conversar, mais poderoso ele é.

Era quase impossível conseguir entrevistas com pessoas como Mark Zuckerberg e Jeff Bezos e, quando elas concordavam em conversar com um jornalista, eram breves e davam respostas prontas e ensaiadas. Mas ninguém nunca exerceu tanto poder sobre a imprensa quanto Steve Jobs, CEO da Apple, e ele conseguiu isso porque era um mestre do CLBC. Era algo que chegava a irritar, pois todos sabiam que, se Jobs simplesmente se abrisse e falasse, ele se revelaria a pessoa mais fascinante, brilhante e interessante. Mas não o fazia. E quanto menos falava, mais poder acumulava. Por esse motivo, ele se tornou o Santo Graal para repórteres de negócios — a entrevista inesquecível.

A Apple foi construída à imagem reservada de Jobs. A empresa não fazia publicidade, mas antipublicidade. Em vez de tentar obter cobertura, afastava os jornalistas. Eu costumava pensar que trabalhar nas relações públicas da Apple era a tarefa mais fácil do mundo, pois envolvia dizer apenas duas palavras: "Sem comentários."

Quando lançava um novo Mac ou iPod, a empresa distribuía as unidades iniciais a alguns críticos cuidadosamente selecionados, que sabiam que seriam retirados da lista caso sua avaliação fosse desfavorável. As críticas negativas eram raras. Mesmo quando a Apple cometia erros — algo atípico —, os jornalistas se esforçavam para consertar a situação para a empresa.

Era tudo obra de Jobs, um mestre em manipular e controlar as pessoas. Ele era tão líder de culto quanto CEO. Durante anos, quando a Apple lançava um novo iPhone, os clientes faziam fila nas lojas com três dias de antecedência. Eles dormiam na calçada. Que outra empresa poderia inspirar tal devoção insana?

Uma vez a cada alguns anos, Jobs emergia da reclusão e concedia uma entrevista. Mas apenas quando sabia o que precisava dizer, geralmente para promover um novo produto. E ele controlava todos os aspectos da conversa.

Ao promover um novo produto, a maioria dos CEOs faz uma turnê publicitária ou passa o dia em uma sala de conferências falando com um repórter após o outro. Jobs não fazia nada disso, pois sabia que os CEOs que perdiam tempo conversando com repórteres e contratavam profissionais de relações públicas para convencer editores e ganhar publicidade eram fracos. Eram mais do mesmo.

Conseguir cobertura da imprensa é como obter um empréstimo bancário: é mais fácil quando a pessoa não precisa. "Como faço para aparecer no *Charlie Rose*?", perguntou-me um CEO de tecnologia certa vez. Respondi algo vago, mas a verdade não dita era: *o fato de você estar fazendo essa pergunta é a razão pela qual nunca será convidado*.

Jobs sabia que sua imagem vendia revistas. Então, ele assumia o controle fazendo-as competirem entre si. Apenas uma conseguiria a entrevista. Mas, para ter o privilégio de se sentar em uma sala com ele, havia um preço a pagar. A Apple criava uma disputa entre a *Time* e a *Newsweek* e negociava com os editores-chefe. Para marcar a cobiçada entrevista, precisava da garantia de que Jobs sairia na capa, obviamente. Mas a Apple sempre pressionava para obter mais. Com quais condições a revista concordaria? Quantas páginas dedicaria à matéria? O que escreveria? Essencialmente, a Apple queria controle total. Queria que a revista se transformasse em um catálogo de relações públicas para os produtos da marca.

Eram exigências ridículas. O fato de a Apple fazer essas solicitações era chocante, ultrajante, impensável. Os editores não permitem que o assunto da matéria dite os termos da cobertura, e as revistas não cedem o controle editorial à pessoa sobre a qual estão escrevendo.

Mas era o jeito da Apple, cofundada por Steve Jobs, o Jesus do Vale do Silício. Eram os termos dele. Durante meu tempo na *Newsweek*, nunca conversamos com Jobs. Mas outras revistas, sim. Não faço ideia do que abriram mão para conseguir uma entrevista.

QUANDO AS PALAVRAS CONFUNDEM EM VEZ DE ELUCIDAREM

Quando a Suprema Corte legalizou o casamento entre pessoas do mesmo sexo no caso *Obergefell v. Hodges*, de 2015, Ruth Bader Ginsburg concordou com a decisão[17], mas não acatou completamente o raciocínio do juiz Anthony Kennedy, que elaborou o acórdão. Em tais circunstâncias, às vezes os juízes elaboram os próprios votos, ainda que coadunantes, para explicar seus argumentos sobre o caso. Mas Ginsburg decidiu se conter. Em sua opinião, palavras a mais apenas enfraqueceriam o poder da decisão. "Era mais poderoso manter um mesmo fundamento", disse Ginsburg em uma palestra na Universidade Duke logo após o ocorrido. "Esse tipo de disciplina exige o reconhecimento: 'Não sou uma rainha e, se a maioria está perto o bastante do que penso, então não preciso embasar a decisão com meus termos.'"

Em sua estante, Ginsburg mantinha um livro de dissidências inéditas que o juiz Louis Brandeis havia escrito, mas que não lançara. Era um lembrete de que, às vezes, o melhor é se abster de adicionar sua voz. Em *Obergefell*, os quatro juízes que se opuseram à decisão elaboraram votos divergentes. Segundo Ginsburg, essas opiniões estavam "fadadas a espalhar confusão", e ela não queria contribuir para o conflito.

Ela sabia que, durante décadas, *Obergefell* seria citado por advogados e juízes que o aplicariam como precedente em casos futuros. Ginsburg considerava a perspectiva de futuros juristas e queria que a decisão fosse a mais clara possível — mesmo que isso significasse excluir a própria voz (e ideias) da discussão.

Há duas lições a aprender. A primeira é que palavras a mais enfraquecem o poder de uma mensagem, em vez de aumentá-lo. A segunda é que, antes de falar ou escrever, é preciso considerar o futuro e imaginar como as palavras o impactarão. Ao adotar a visão de longo prazo, você percebe que pode omitir grande parte do que deseja dizer.

ESTRATÉGIAS DE PODER

A maioria de nós não se tornará juízes da Suprema Corte ou CEOs bilionários. Mas é possível aprender com pessoas poderosas e se inspirar em suas técnicas para obter mais poder. A seguir, apresento algumas estratégias:

Finja que palavras são dinheiro. Após ler sobre Lew Wasserman, o poderoso chefão de Hollywood, e seu mentor Jules Stein, que escolhia palavras "como se tivesse que pagar por elas", criei um jogo que chamo de Finja que Palavras São Dinheiro. Imagine que a conversa é uma transação, e seu objetivo é ganhar mais do que gasta. Faça perguntas e colete informações enquanto evita questionamentos e revela o mínimo possível.

Seja direto. Talvez por desejarmos ser educados ou por nos sentirmos inseguros, constantemente abdicamos do poder ao usar "palavras inúteis" que enfraquecem a nossa mensagem. Considere a diferença entre estas duas frases: "Não acho que posso pagar tanto por este carro" e "Não posso pagar tanto por este carro". Essas palavras extras são chamadas de "vazamentos verbais", o que significa que você está revelando informações desnecessárias e transferindo o poder para o interlocutor. Não se entregue. E observe vazamentos verbais no discurso alheio para obter uma vantagem.

Use o Método do Ponto de Interrogação de Bezos. Procure todas as oportunidades para responder ou encaminhar um e-mail sem acrescentar nada a ele. Você não parecerá arrogante, mas ocupado.

Deixe que as pessoas o subestimem. Não caia na armadilha de mostrar como você é inteligente. Seja como Angela Merkel — discreta e despretensiosa. No fim das contas, você será favorecido.

Se estiver com raiva, não demonstre. Se alguém esbravejar com você pessoalmente, por e-mail ou mensagem de texto, não revide. Isso deixará a pessoa ainda mais furiosa. "Se o seu inimigo é temperamental, procure irritá-lo", disse Sun Tzu. Mantenha a calma. Force seu inimigo a falar demais. Permaneça impassível, tal como Merkel fez ao ser atacada no Bundestag. Seja feliz! O outro está com raiva, você, não. A vitória é sua.

Não brigue no Twitter. Você não parecerá inteligente, perspicaz ou superior. Não parecerá um intelectual em um debate filosófico, mas, sim, alguém que vai ao zoológico para atirar fezes nos outros com os macacos. É impossível vencer. Você fará papel de tolo e fraco. Saia de cena.

Seja vago. Pesquisadores descobriram que pessoas poderosas usam uma linguagem mais abstrata e não se atêm a detalhes[18]. Exagerar em fatos e números não faz você parecer inteligente, mas fraco. Pense no slogan de 2008 de Obama, "Sim, nós podemos", ou no clássico slogan de Steve Jobs, "Pense diferente". Qual é o significado deles? Qualquer um que você queira atribuir. Declarações vagas fazem as pessoas preencherem as lacunas com as próprias esperanças e desejos. Elas despertam a curiosidade e atraem a atenção alheias.

Use o silêncio para lisonjear seus superiores. Fazer uma breve pausa após a fala de um superior transmite respeito[19]. É uma manobra sutil, mas que, subconscientemente, garantirá à pessoa que você sabe seu lugar, fazendo com que ela o estime um pouco mais. "Sempre faça aqueles acima de você se sentirem confortavelmente superiores", aconselha Robert Greene em seu livro sobre poder. "Faça seus mestres parecerem mais brilhantes do que são e você alcançará o ápice do poder." Também é possível usar o silêncio para sinalizar desaprovação[20]. Quando aquele colega idiota fizer um comentário sexista em uma reunião, e você quiser censurá-lo sem desencadear um confronto, apenas cale a boca. Todos vocês. Quando o colega terminar de falar, faça uma pausa longa e desconfortável. Você está usando o poder silencioso para colocá-lo em seu devido lugar, constrangendo-o sem dizer uma única palavra. Isso é poder.

10

CLBC E ESCUTE

Em uma tarde fresca de outono em Boulder, Colorado, com as folhas dos álamos amarelando e as distantes montanhas cobertas de neve brilhando contra o céu azul, quinze fundadores de startups de tecnologia, desconhecidos entre si, foram enviados à floresta com uma missão: revezar-se para falar, um de cada vez, sobre o único aspecto pessoal que desejavam que a própria equipe entendesse. Sempre respeitando a vez do outro. Sem interrupções. Sem perguntas. Sem sugestões. Apenas calando a boca e escutando.

Cada um desses 15 aspirantes a Musk e Zuckerberg desembolsou US$10 mil para passar 3 dias em um *bootcamp* comandado por Jerry Colonna, um coach executivo que trabalhou com alguns dos maiores nomes do Vale do Silício e que é chamado de "Encantador de CEOs" e "Yoda do Vale do Silício". Colonna era um próspero capitalista de risco, mas embarcou em uma busca de visão que durou duas semanas e durante a qual ele chegou a vagar nu pelo deserto de Utah sem comida, retornando uma pessoa diferente. Abandonou Wall Street, mudou-se para Boulder, adotou o budismo e se reinventou como um guru-xamã, ensinando os figurões do Vale do Silício a entrarem em contato com os próprios sentimentos.

Ao longo do *bootcamp* de três dias, os quinze membros da equipe de Colonna abrem o coração, falando sobre medo e vergonha, e a maioria acaba chorando. Mas a principal razão de estarem ali é sua vontade de aprender a calar a boca e escutar. Para grande parte deles, fazer isso não é algo natural. Em sua maioria, os empreendedores e CEOs são péssimos ouvintes, muito piores do que a média. Eles não escutam ninguém. São narcisistas conversacionais, personalidades tipo A que passam a vida inteira se gabando, dizendo a todos como são inteligentes e por que suas ideias são brilhantes. "Eles podem não ter transtorno de personalidade narcisista, mas estão no espectro", afirmou Andy Crissinger, um coach que trabalha para a Reboot, empresa de Colonna, e que se especializou em ensinar habilidades de escuta. Até então, a presunção excessiva era uma espécie de superpoder. Poucos indivíduos são convencidos o bastante para entrar em uma reunião com investidores e, recorrendo a apenas uma apresentação de PowerPoint e um discurso ridículo, sair com dezenas ou mesmo centenas de milhões de dólares. Mas, ao conseguirem esse dinheiro, a situação muda. Agora, o trabalho é construir uma empresa, o que significa contratar e gerenciar pessoas, e a maioria deles não possui muitas habilidades interpessoais. "Durante toda a vida, eles foram recompensados por serem comunicadores poderosos", disse Crissinger. "Mas, agora, precisam cultivar habilidades mais silenciosas, como fazer boas perguntas e escutar."

É aí que entram Colonna e seus coaches. Crissinger desenvolveu um programa de exercícios de escuta e, embora a mágica não aconteça em três dias, os jovens fundadores saem munidos de algumas instruções. "Escutar não é fácil", declarou Crissinger. "Mas é um conjunto de habilidades muito acessível que pode ser cultivado por meio da prática."

Aprender a escutar requer se opor a toda uma vida de pressão para falar. Na escola, você recebe notas por participação, mas não ganha pontos por ser um bom ouvinte. "Na infância, não somos ensinados a escutar, nem recompensados pela escuta", afirmou Crissinger. "E vivemos nesta inédita época de proliferação de informações. Somos encorajados a criar e promover conteúdo, a desenvolver uma marca pessoal, a compartilhar nossas ideias, a nos projetar para o mundo."

A maioria de nós não pode gastar US$10 mil em um retiro de 3 dias com o Yoda do Vale do Silício, então Colonna oferece um curso online gratuito de 6 dias sobre habilidades de escuta. Nele, não há a bela paisagem ou a chance de chorar na frente de estranhos, mas é possível acessar alguns dos exercícios que o coach usa com os clientes.

Colonna é um ouvinte tão intenso que achei praticamente impossível entrevistá-lo. Quando lhe fiz uma pergunta durante nossa videoconferência, em vez de responder, ele me pediu que parasse de fazer anotações e, então, começou a *me* entrevistar. Eu estava determinado a não cair em seu feitiço de guru superouvinte, mas, de alguma forma, ele me induziu a falar.

Quando nossos trinta minutos acabaram, percebi que não lhe tinha feito uma única pergunta. Colonna disse que poderíamos marcar outra entrevista. Eu concordei, mas jamais me exporia ao seu feitiço novamente. E nem precisei. Ele me fez entender o poder da escuta ativa ao demonstrar em vez de explicar.

O CÉREBRO NÃO QUER ESCUTAR

Em sua maioria, as pessoas são péssimas ouvintes. Apenas cerca de 10% da população consegue escutar efetivamente o outro[1]. Em média, retemos apenas cerca de 25% do que escutamos[2] e esquecemos até metade das informações nas 8 horas seguintes. O estranho é que a maioria acredita ser um ouvinte acima da média, achando que quem precisa de ajuda são os outros.

Ser um bom ouvinte é fisiologicamente difícil. Nosso cérebro funciona muito rápido — os seres humanos falam cerca de 125 palavras por minuto[3], mas ele pode processar 800 palavras por minuto —, então nos concentramos por um tempo, e, logo, nosso cérebro inquieto passa a divagar. Começamos a verificar o celular e o notebook, a inventar planos para o fim de semana ou a pensar no que vamos dizer assim que a outra pessoa finalmente parar de falar, um discurso que agora parece um *mwah mwah mwah*, como a voz dos adultos no desenho animado do Charlie Brown.

Abordei a escuta no final deste livro, pois, de todas as disciplinas que adotei como parte do CLBC, aprender a se tornar um ouvinte ativo é, de longe, a mais desafiadora. Os outros exercícios — não dizer nada quando possível, suportar pausas constrangedoras, passar um tempo em silêncio, evitar as redes sociais — estabelecem as bases da escuta. Para ser um bom ouvinte ativo, você deve superar os outros desafios.

Escutar ativamente é exaustivo. Requer uma enorme quantidade de foco, e não é fácil controlar nosso cérebro, que evoluiu com um desejo de divagar. Esse desejo nos foi útil. Se nosso cérebro não divagasse, não teríamos civilização, ciência, sinfonias de Beethoven nem *The Real Housewives*.

Ao escutar ativamente, você força seu cérebro a fazer algo para o qual ele não foi programado. Reduzir o desejo de divagar é especialmente difícil para falastrões compulsivos, pois o cérebro deles é mais inquieto, e, mesmo com a ajuda de medicamentos, alguém que sofre de TDAH encontrará obstáculos. Pessoas como eu acham quase impossível falar ao telefone sem fazer outra coisa ao mesmo tempo — enviar mensagens, ler e-mails, passar os olhos pelas manchetes do *New York Times*. Ficamos agitados e ansiosos. Nós nos sentimos mal fisicamente. Queremos que essa sensação ruim desapareça rápido e, então, abrimos o notebook ou pegamos o controle remoto.

Eu passei um ano praticando minhas habilidades de escuta. Já sou muito melhor do que costumava ser, mas ainda me pego divagando. Acho quase impossível manter o foco durante reuniões no Zoom, especialmente se houver várias pessoas participando. Em minha defesa, parece que ninguém consegue prestar atenção. Há até um nome para esse problema: Fadiga do Zoom. Supostamente, isso ocorre porque nosso cérebro se esforça[4] para processar as informações que costumamos captar de forma inconsciente com base na linguagem corporal e na expressão facial.

Outro desafio é que a escuta ativa nunca fica fácil. Não é como andar de bicicleta, algo que se torna automático depois que aprendemos. A escuta ativa se assemelha mais ao levantamento de peso. Com o tempo, você fica mais forte, mas ela sempre exige esforço. Tom Peters, guru de negócios e coautor de *Vencendo a Crise*, diz que, se você não ficar completamente esgotado após trinta minutos de escuta ativa, não está fazendo da forma correta. Peters também afirma que quase todos os grandes líderes empresariais que já conheceu — e ele conheceu muitos, estudou-os e aconselhou alguns deles — possuem uma habilidade de nível olímpico para realizar o que chama de "escuta agressiva".

A SÍNDROME DO ALUNO MAIS INTELIGENTE DA SALA

Aprender a escutar pode não garantir um cargo de liderança em uma empresa da Fortune 500, mas ajudará você a desempenhar melhor seu trabalho e aumentará suas chances de ser promovido. A escuta o tornará mais inteligente e simpático. Paradoxalmente, também aumentará a probabilidade de as pessoas o considerarem um ótimo conversador.

Não escutar, no entanto, pode levar a resultados desastrosos. Alguns dos piores ouvintes do mundo são aqueles que deveriam ser os melhores na escuta: médicos. Em média, os médicos esperam apenas dezoito segundos antes de interromper um paciente. Essa informação chocante foi revelada pela primeira vez no livro *Como os Médicos Pensam*, do Dr. Jerome Groopman.

Se você conhece algum médico, entenderá por que eles são péssimos ouvintes. Tenho alguns amigos e familiares que são da área médica, e eu os adoro, mas muitos sofrem da Síndrome do Aluno Mais Inteligente da Sala. Eles passaram a vida sendo o aluno mais inteligente, aquele que sempre recebeu elogios dos professores e dos pais. Então, eles vão para a faculdade de medicina, encontram um monte de outros Alunos Mais Inteligentes da Sala e passam a vida fazendo um trabalho no qual sabem mais do que as pessoas que os procuram para obter ajuda. Isso os torna predispostos a pensar que são mais inteligentes do que todos *em qualquer situação*. Essa questão é agravada pelo fato de que, por algum motivo, muitas pessoas atraídas pela medicina tendem a ter QI alto, mas QE (Quociente Emocional) baixo. Os médicos sabem curar as pessoas, mas não *escutá-las*. Então, você chega à consulta, começa a explicar o que está sentindo, e o Aluno Mais Inteligente da Sala o interrompe, pois já sabe qual é o problema e como tratá-lo. O impasse é que, cerca de 20% das vezes, os médicos dão o diagnóstico errado. Tenha um ataque cardíaco, e eles lhe dirão que é refluxo, prescrevendo apenas um antiácido. Ops!

A "Regra dos 18 Segundos" de Groopman foi amplamente citada e deveria ter sido um alerta para a profissão médica, mas, 15 anos depois, devido aos cuidados gerenciados, a situação não mudou muito. Na verdade, os médicos estão sob uma pressão ainda maior para atender o máximo de pacientes no menor tempo possível. Os dezoito segundos podem ter se tornado doze.

O medo de que os pacientes falem demais e atrasem o atendimento é, em grande parte, infundado. Pesquisadores descobriram que, quando os médicos não interrompem[5], os pacientes não falam por muito tempo — em média, apenas cerca de noventa segundos. É um pequeno preço a se pagar pela garantia de diagnósticos exatos. Outros estudos constataram que a escuta empática[6] pode até ajudar os enfermos a se recuperarem de dores e desconfortos. Pacientes que recebem um placebo, mas que passam alguns minutos conversando com um enfermeiro ou médico, afirmam que a dor nas costas ou nas pernas diminui.

Pelo menos superficialmente, a profissão médica reconheceu a importância da escuta. Programas foram criados para ensinar médicos e enfermeiros a escutarem. Mas não houve nenhuma mudança considerável. "Como muitas atividades foram feitas, eles acreditam que estão se saindo melhor", disse Helen Meldrum, pesquisadora especializada em habilidades de escuta na profissão médica. "Porém, as faculdades de medicina e de enfermagem não ensinam as habilidades de modo a impactar o comportamento dos alunos." Vários médicos pensam que as habilidades de comunicação são bobagem ou perda de tempo, e sua formação reforça essa ideia. Muitos concluem a faculdade com menos empatia do que quando ingressaram[7].

Em sua próxima consulta, configure um temporizador no celular. Se o médico lhe der o tempo necessário para falar, ótimo. Se ele interromper você aos dezoito segundos, ou até antes, considere procurar uma segunda opinião.

O DIABO VESTE PRADA — E NÃO ESCUTA

Ser um mau ouvinte pode custar caro, uma lição que Anna Wintour, a ditatorial editora-chefe da *Vogue*, aprendeu em 2020. A capacidade de permanecer em silêncio permitiu que ela acumulasse poder, mas esse poder e a aparente incapacidade de aceitar conselhos das pessoas ao redor quase arruinaram sua carreira.

Segundo a maioria dos relatos, a editora-chefe é uma pessoa aterrorizante. Seu apelido é "Wintour Nuclear", e ela foi a inspiração para a chefe cruel de *O Diabo Veste Prada*. Mesmo dentro de casa e durante entrevistas, Wintour usa enormes óculos escuros, como se fosse a vilã de um desenho animado, "para esconder o que está realmente pensando ou sentindo", de acordo com seu biógrafo. Os óculos escuros também sinalizam seu desinteresse no que os outros têm a dizer — a pior mensagem que um líder pode transmitir.

Wintour comanda a *Vogue* há mais de três décadas e também é a diretora editorial de todas as publicações da Condé Nast, o que a torna uma das pessoas mais poderosas do setor midiático e da indústria da moda. Os funcionários a temem tanto que não se atrevem a falar ou mesmo olhar para Wintour, a menos que ela se dirija a eles.

No passado, as empresas toleravam líderes que não sabiam escutar. Mas, na nova era, os funcionários estão mais empoderados, incluindo os da *Vogue*. Como Amy Odell, biógrafa de Wintour[8], escreve: "O jeito autoritário de Anna… não era algo que eles aceitariam."

Em 2020, após os assassinatos de Breonna Taylor e George Floyd por policiais, os funcionários da *Vogue* foram a público com queixas de que Wintour não fazia o bastante para elevar as vozes negras, não contratava um número suficiente de funcionários negros e havia divulgado imagens ofensivas. Ela apoiou publicamente o movimento Black Lives Matter e contava com um conselho de diversidade e inclusão, mas alguns funcionários acreditavam que Wintour não respaldava esses aspectos dentro da Condé Nast ou nas páginas da *Vogue*. Seu "estilo de gestão não se alinhava com essas posturas progressistas", escreve Odell.

Durante anos, Wintour foi avisada de que uma dissidência estava se formando, que o mundo estava mudando e que a *Vogue* precisava acompanhá-lo. Mas ela ignorou os avisos e continuou cometendo erros. Instada a trabalhar com modelos diversificados, a editora-chefe "fez comentários como 'Já não temos um número suficiente de gays?' — 'um número suficiente de homens', 'um número suficiente de lésbicas' ou 'um número suficiente de negros' — nesta edição?", escreve Odell. Em 2017, contrariando o conselho de seus editores, Wintour prosseguiu com uma sessão de fotos em que a supermodelo Karlie Kloss estava vestida de gueixa e, então, pareceu perplexa quando as imagens causaram um alvoroço. Pouco depois, a *Vogue* fotografou a modelo Gigi Hadid vestindo roupas casuais com jogadores de basquete negros como adereços de fundo, uma decisão "surpreendentemente insensata em 2017", escreve Odell. "Não estava claro se Anna entendia plenamente o que era problemático quando se tratava de questões raciais e apropriação cultural." Seu "estilo de gestão nunca foi tão incompatível com determinado momento", e seu jeito ditatorial "parecia agora uma desvantagem, como talvez deveria ter sido o tempo todo". De repente, as pessoas começaram a dizer o impensável: Anna Wintour — *a invencível Anna Wintour!* — deveria renunciar. "Ela conseguirá sobreviver ao movimento de justiça social?"[9], questionou o *New York Times*.

A Condé Nast não forçou Wintour a renunciar. Não sei se alguém dentro da empresa ousaria tentar. Todos tinham medo dela. Não obstante, algumas pessoas foram demitidas por menos. Wintour se salvou pedindo desculpas aos funcionários em um e-mail no qual admitiu os próprios erros e assumiu a responsabilidade por eles. Seu ato público de arrependimento invocou a palavra mágica *escutar*. "Estou escutando", escreveu ela, "e gostaria de acatar o feedback e os conselhos de vocês".

Claro. A dama Anna Wintour adoraria escutar seu feedback. Ela promete não chamar você de gordo ou estúpido ou zombar de suas roupas. Ela jura que não vai demiti-lo. Quem quer ser o primeiro?

Logo após o e-mail, Wintour participou de um podcast para reforçar a mensagem de escuta: "Como líder, o essencial é simplesmente escutar. Escutar e, então, agir. Não era o que eu estava fazendo, pelo menos não o bastante. Acho importante ser considerada uma boa ouvinte, alguém que escutará qualquer número de reclamações, perguntas ou sugestões."

Caso você não tenha entendido: ela está *escutando*. Ou pelo menos espera ser *considerada* uma boa ouvinte.

Deve ter sido doloroso adotar a persona de líder humilde. A ideia de que a "Wintour Nuclear" aprenderia a escutar, mesmo que um pouco, parece tão improvável quanto ela se mudar para Calcutá a fim de cuidar de órfãos e hansenianos. Mas a editora-chefe sabia o que precisava dizer. E disse. Seria um progresso?

TIM COOK, O CEO SILENCIOSO

Tim Cook, CEO da Apple, é considerado o maior líder do mundo[10]. E também é um dos maiores ouvintes do mundo, um superpoder que ele usa a seu favor.

À primeira vista, Cook é um cara reservado e de voz suave, um nativo do Alabama com um leve sotaque do sul que não costuma falar muito. Ele é o oposto de seu antecessor, Steve Jobs, cofundador da Apple, que adorava contrariar as pessoas. "Essa ideia é péssima. É a coisa mais idiota que já ouvi" era um comentário típico de Jobs, que acreditava que obteria as melhores informações ao provocar uma discussão ou um debate. O cofundador queria fazer as pessoas defenderem as próprias ideias, transformando uma reunião em uma batalha intelectual. Quem não conseguia enfrentá-lo acabava em apuros.

Cook parece acreditar que obterá mais e melhores informações ao deixar os outros falarem. Ele não age assim para ser educado, mas porque essa abertura faz as pessoas revelarem coisas que talvez não gostariam de compartilhar. Tal como Jobs, Cook tenta chegar à verdade. Ele está apenas tomando um caminho diferente.

Cook é tão habilidoso que, mesmo quando as pessoas se preparam para se defender contra sua "arte das trevas", ele é capaz de fazê-las falar usando apenas linguagem corporal, expressões faciais, acenos e alguns *hmm* e *aham* bem colocados.

Minha amiga Kim Malone Scott, coach executiva no Vale do Silício, constatou esse fato quando foi entrevistada para um emprego na Apple e precisou se encontrar com Cook. "Um amigo me alertou antes da conversa com Tim", declarou Scott. "Ele me disse: 'Olha, Cook é muito quieto. Vai arrastar você para um limbo conversacional. Isso não é nada bom. Então, tome cuidado.'"

Scott é sociável e uma espécie de falastrona, mas decidiu se controlar. Antes da reunião, enquanto esperava do lado de fora do escritório de Cook, ela se lembrou de proceder com cautela. *Pense antes de falar. Não comece a divagar. Mantenha o foco.* Minha amiga não tinha nenhum segredo profundo a esconder, mas queria causar uma boa impressão.

Os dois se sentaram em cadeiras confortáveis um em frente ao outro, conversaram um pouco, e, em seguida, Cook fez uma pergunta: "Acho ótimo quando as pessoas decidem mudar de carreira. O que motivou você?" Foi tudo o que ele disse. Então, o CEO da Apple se recostou e passou a escutar. Não foi excessivamente amigável, mas também não foi hostil. Apenas enigmático.

Scott sabia que ele estava prestando atenção, mas ela não conseguia decifrar os pensamentos do CEO. Então, minha amiga começou a falar.

Após alguns minutos, percebeu que ainda estava falando — e pior, por razões desconhecidas, estava compartilhando um grande erro que cometeu quando trabalhava no Google. "Eu caí na real e pensei: *Espera, por que estou contando isso a ele? Como cheguei nesse ponto? Se eu não calar a boca agora, vou perder a chance de ser contratada.*"

Scott ainda não sabe como caiu no feitiço de Cook. Ela estava determinada a calar a boca e ter cuidado, a falar com intenção, mas acabou no limbo conversacional, exatamente como o amigo alertara.

A boa notícia é que Cook gostou dela e a contratou. A notícia ainda melhor é que Scott aprendeu uma lição sobre o poder da escuta, que ela aplica na gestão de pessoas. Se você deixar os outros falarem, a verdade virá à tona. "É assim que você descobre coisas que as pessoas não querem contar. Ou, às vezes, coisas que você não quer saber."

Desde então, Scott escreveu dois livros sobre relações interpessoais no trabalho e desenvolveu um conceito de gestão que chama de "franqueza radical" — o título de um de seus livros. Ela acredita na sinceridade brutal e direta no ambiente profissional.

Scott oferece outro conselho relacionado ao CLBC: "Diariamente, omita três opiniões insignificantes." Isso se aplica ao local de trabalho, mas também aos relacionamentos amorosos. "Deixar as coisas por dizer é não se ater a meros detalhes", afirma ela. "A mente é um filtro. Somos mais felizes quando a deixamos ignorar aspectos irrelevantes."

LÍDERES QUE ESCUTAM

J. W. "Bill" Marriott Jr., o chefe bilionário da empresa hoteleira Marriott, provavelmente sabe mais sobre hospitalidade do que qualquer pessoa no mundo. Ele passou toda a sua vida no negócio de hotelaria, tendo aprendido com o pai, que fundou a empresa. Apesar de sua experiência, Marriott dedica a maior parte do tempo a fazer perguntas e escutar os outros. Seu famoso lema? "As quatro palavras mais importantes são 'O que você acha?'"

Barack Obama diz que a primeira lição que aprendeu como organizador comunitário foi: "Quando você chega a um bairro, seu instinto inicial é dizer às pessoas pelo que deveriam se interessar, em vez de passar os primeiros seis meses *escutando* e descobrindo quais *são* os verdadeiros interesses delas."[11]

Richard Branson, fundador do Virgin Group, acumulou sua fortuna ao contratar pessoas brilhantes e escutá-las, assim como fazia com os clientes. Desde seus primeiros dias na administração de uma loja de discos em Londres, e depois como chefe de uma gravadora, Branson possuía uma capacidade aguçada de escutar as pessoas e descobrir o que elas queriam. Essa capacidade o levou a expandir seu império para companhias aéreas, ferrovias, viagens espaciais e outros negócios.

A personalidade pública de Branson como aventureiro destemido e exibicionista inveterado com longos cabelos loiros e aparência de estrela de cinema é um pouco enganosa. Em particular, ele é um ouvinte ferrenho que deixa os outros falarem. Branson diz que se tornou um bom ouvinte por necessidade: devido à dislexia, passou pela escola escutando em vez de lendo.

Na verdade, muitos empreendedores de sucesso são disléxicos[12]. Suspeito que, tal como Branson, eles desenvolveram poderosas habilidades de escuta na infância que lhes foram úteis no mundo dos negócios. Ao escrever um livro sobre gestão de pessoas — *The Virgin Way: Everything I Know About Leadership* —, Branson dedicou um terço dele à arte da escuta. Uma citação valiosa: "Ninguém nunca aprendeu nada escutando a si mesmo."

Segundo Branson, outro truque de escuta é fazer anotações. Ele sempre carrega um caderno e incentiva os funcionários a seguirem o exemplo. Fazer anotações o força a se concentrar no que está sendo dito e demonstra às pessoas que você se importa e está prestando atenção.

ADVOGADOS QUE ESCUTAM

Quando Steven A. Cash trabalhou como promotor distrital na cidade de Nova York, "tínhamos dois ditados", disse-me ele. "Pneus deixam rastros" e "Todo mundo quer falar". O primeiro ditado significa, literalmente, que, se usar um veículo na prática de um crime, você será pego. O segundo significa que um promotor pode conseguir uma confissão apenas escutando, pois os suspeitos "sempre querem conversar", afirmou Cash. "Ninguém optava por não falar. Ao ouvir seus direitos, ninguém dizia: 'Exijo a presença do meu advogado, não quero conversar com você.' Em muitos interrogatórios, eu só precisava sugerir ao suspeito: 'Diga o que aconteceu.' Então, eu ligava o gravador e apenas escutava, soltando alguns 'Hm, certo'. Todo mundo queria falar." Nos filmes, os advogados são grandes oradores, pessoas que se levantam e apresentam argumentos finais impactantes. Mas, na advocacia cotidiana, o importante é escutar.

Certa vez, Cash solucionou um caso de sequestro ao deixar o suspeito falar sobre coisas banais — quando tomou café da manhã, o que bebeu e que tipo de pão comeu. O suspeito negou ter cometido o crime, mas, ao falar, revelou um tique verbal bizarro: o hábito de dizer "boom" no final das frases. *Então, eu passei na loja e comprei o jornal, boom. Voltei para casa e comi um pão, boom.* Quando os promotores ouviram as gravações das chamadas de resgate, o sequestrador também dizia "boom" no final de cada frase. Além do tique verbal, "não tínhamos muitas provas contra ele", lembrou Cash. "Mas acredito que ele ficou preso por bastante tempo." As mesmas habilidades de escuta foram essenciais quando o ex-promotor se tornou um oficial de inteligência da CIA. Ele não entrou em detalhes, mas é fácil entender como a capacidade de escutar e fazer as pessoas falarem pode ser fundamental para esse tipo de trabalho.

Atualmente, Cash é um advogado corporativo que passa muito tempo preparando e orientando pessoas que testemunharão diante de um júri ou juiz, falarão com o FBI ou prestarão depoimento em processos civis. A principal estratégia que ele ensina é escutar a pergunta que fizerem e responder *apenas* a ela. "É preciso se concentrar com muito cuidado", declarou. "Muitas vezes, as pessoas não estão realmente escutando, então elas ficam prontas para responder à pergunta que acham que será feita."

Não significa mentir, mas encontrar uma forma de responder à pergunta com sinceridade, sem revelar nenhuma informação adicional. A maioria das pessoas acha isso incrivelmente difícil, pois não é assim que falamos no dia a dia. Cash oferece um exemplo: se alguém pergunta "Você sabe que horas são?", a resposta educada, aquela que você daria em uma conversa comum, é "Sim, são 15 horas". A resposta que você deve dar como testemunha é apenas "Sim".

A PROFESSORA DE ESCUTA

Munido de inspiração, procurei alguém que me mostrasse como calar a boca e escutar e encontrei Sandra Bodin-Lerner, que leciona um curso de escuta na Universidade Kean, em Nova Jersey. Ela admite que é uma matéria inusitada. "Quando digo que ensino escuta, as pessoas sempre me respondem: 'O quê? O que você falou?' É uma piada frequente", afirmou ela. Outra reação comum: as esposas querem que seus maridos se inscrevam, e os maridos querem o mesmo em relação às esposas. "É fácil reconhecer o problema nos outros", explicou Bodin-Lerner. "Achamos que todo mundo é um péssimo ouvinte. A maioria de nós não percebe que também é."

Conversamos pelo Zoom, o que eu sabia que dificultaria minha concentração. Antes da chamada, fiz meu breve ritual de preparação: respirações profundas, lembretes para manter contato visual e prestar atenção. E gravei a conversa para não me distrair ao fazer anotações.

Ainda assim, estraguei tudo.

O problema não foi perder o foco, mas falar sem parar. Quando analisei a transcrição da chamada, descobri que monopolizei cerca de 80% daquela conversa de uma hora. Ali, na página à frente, havia enormes trechos de minha tagarelice. Nunca é agradável ler uma transcrição da própria fala, mas, naquela ocasião, foi especialmente brutal. Enviei um e-mail para Bodin-Lerner e disse a ela que (a) eu estava envergonhado; (b) que estava admirado com sua capacidade de escuta e sua tática diversiva e (c) que precisava entrevistá-la novamente.

Na chamada seguinte, obtive sucesso. Eu havia praticado bastante desde a primeira conversa e fiquei orgulhoso de meu suposto progresso. Mas também notei algo estranho — mesmo na segunda chamada, na qual pensei ter falado pouco, a transcrição revelou várias frases minhas, do tipo que começavam com "Sim, a mesma coisa aconteceu comigo..."

Essa é uma das grandes distrações que Bodin-Lerner ensina os alunos a reconhecer, o desejo de contar a própria história para correspondê-la à que você acabou de escutar. Outras distrações incluem o desejo de dar conselhos e o desejo de comprovar a própria inteligência. Há também aquela situação em que, em vez de escutar, você fica pensando no que dirá em seguida e aquela em que tem uma ótima ideia e, se não compartilhá-la imediatamente, vai esquecê-la.

Bodin-Lerner trabalha principalmente como coach de oratória, porém, há mais de vinte anos, tem um trabalho paralelo como professora de comunicação interpessoal na Kean, que basicamente se resume a ensinar as pessoas a melhorarem nos relacionamentos, sejam eles profissionais, sociais ou românticos. Mas ela percebeu que a escuta era uma grande — e amplamente negligenciada — parte desse processo. "Nas apostilas, havia apenas um capítulo sobre escuta, e era só isso."

Seu departamento autorizou a criação de um curso dedicado exclusivamente à escuta. Sete anos depois, ele está sempre lotado, e seus alunos a adoram. Das 35 avaliações no Rate My Professors, 27 a classificaram como "incrível". Um aluno escreveu: "Esta é a matéria mais vantajosa que fiz em toda a faculdade." Segundo Bodin-Lerner, seu curso de escuta ainda é um dos únicos desse tipo nos EUA.

"O principal ensinamento que compartilho é que a escuta precisa ser intencional", afirmou ela. "É uma escolha. Você tem que dizer a si mesmo: 'Vou conter minha necessidade de falar. Quando algo despertar uma ideia ou emoção, vou controlar o desejo de expressá-la.' O primeiro passo é se conscientizar, adquirir uma compreensão da escuta. E escutar é difícil demais. Exige muito esforço mental. É exaustivo."

Uma técnica que Bodin-Lerner faz os alunos praticarem: em uma conversa, seja o "primeiro ouvinte" e deixe a outra pessoa falar antes. Algo incrível acontece quando você escuta e presta atenção. O interlocutor fica mais interessante. Não é que *pareça* mais interessante; na verdade, ele *é* mais interessante. "Há pesquisas sobre esse aspecto. As pessoas se abrem e se comunicam melhor ao perceber a escuta. Se pensarmos bem, faz sentido", declarou ela.

Uma das alunas recentes de Bodin-Lerner era uma tagarela que se queixava da falta de comunicação do namorado. A professora incumbiu a aluna da tarefa de passar um tempo com ele e se forçar a apenas escutá-lo. "Ela voltou para a aula com uma revelação: 'Descobri que, se eu calar a boca e escutar, ele diz um monte de coisas interessantes!'"

Como atividade final do semestre, Bodin-Lerner instrui os alunos a conversarem com uma pessoa que consideram difícil ou que tem opiniões divergentes e escutarem até aprenderem algo novo e interessante sobre ela. É excruciante, "mas eles sempre voltam com uma informação significativa que nem sequer imaginavam, pois percebiam a pessoa como irritante e chata." A recordista da maior revelação foi uma aluna que descobriu que o pai tinha lutado na Revolução Sandinista, sido capturado e escapado. De alguma forma, ele nunca havia mencionado o ocorrido — talvez porque ninguém estivesse escutando.

Os alunos sempre perguntam se podem levar os amigos e familiares para a aula, então Bodin-Lerner reserva um dia apenas para isso. "Eles sempre dizem: 'Posso trazer minha mãe? Porque ela é uma péssima ouvinte.' Os alunos percebem como a escuta pode impactar sua vida e, então, promovem essa prática. Eles concluem: 'Nossa, todo mundo precisa fazer um curso de escuta.' É incrível."

Uma aluna levou os pais, que estavam passando por um divórcio. A visita não salvou o casamento, mas talvez os tenha ajudado a se entenderem um pouco melhor. Os alunos compartilham muitas informações pessoais uns com os outros. Não é bem uma terapia de grupo, mas quase isso. "É magnífico", revelou Bodin-Lerner. "No final do semestre, eles se sentem muito próximos."

Bodin-Lerner ajuda a administrar a International Listening Association (ILA), com sede em Minnesota, uma entidade séria que possui centenas de membros no mundo todo. A ILA oferece cursos de treinamento que conferem o título de "profissional de escuta certificado", publica uma *newsletter* chamada *Listening Post*, patrocina o Dia Internacional da Escuta e tem até um Hall da Fama de Escuta e uma convenção anual. "As pessoas sempre brincam: 'Essas convenções devem ser muito silenciosas'", afirmou Bodin-Lerner.

Ao imaginar uma convenção da ILA, pensei em um filme de Wes Anderson, com homens barbudos de gola alta, membros do Hall da Fama, circulando em um salão de hotel e escutando uns aos outros. Mas Bodin-Lerner me deixou participar de uma oficina mensal da ILA, e, para a minha surpresa (e, admito, decepção), as pessoas eram comuns. Um médico da Inglaterra falou sobre habilidades de escuta no campo da medicina.

A escuta se tornou uma habilidade importante no mundo corporativo, e as empresas começaram a contratar Bodin-Lerner para ministrar oficinas para os funcionários. Ela diz que as empresas precisam perceber o papel da escuta no progresso de outras questões. "Somos constantemente lembrados da necessidade de conversas difíceis sobre diversidade, equidade e inclusão, da importância de escutar uns aos outros. Mas ninguém nos ensina como fazer isso."

AVANÇANDO NA HIERARQUIA DE ESCUTA

Aspirantes a líderes fazem cursos de Dale Carnegie na esperança de se tornarem grandes oradores, mas acabam descobrindo que Carnegie considerava a escuta tão importante quanto a fala: "Escute primeiro. Dê ao seu oponente a oportunidade de falar. Deixe-o terminar. Não reaja, conteste ou debata. Isso só cria barreiras."

Em *Como Fazer Amigos e Influenciar Pessoas*, Carnegie define uma "hierarquia de escuta", que compreende cinco níveis:

1. *Ignorar.* Você não está nem um pouco interessado.
2. *Fingir.* Você assente, sorri, mas não está prestando atenção.
3. *Selecionar.* Em termos computacionais, você dedica apenas parte de sua capacidade de microprocessamento à conversa. Em vez de processar todo o conteúdo, você busca palavras-chave para inferir o que a pessoa está dizendo.
4. *Comparecer.* É a chamada escuta ativa.
5. *Sintonizar.* Arte de mestre Zen. Você está escutando tão atentamente que é como se estivesse dentro da cabeça do interlocutor.

Em uma conversa, conscientize-se de seu nível na hierarquia e tente avançar. Então, permaneça no nível atingido o máximo que conseguir. A maioria das pessoas chega ao nível quatro e fica nele por um tempo. Alcançar o nível cinco? Bem, exige esforço.

LIÇÕES DE ESCUTA

A escuta desencadeia um círculo virtuoso. Quanto mais você escuta, menos fala. Quanto menos fala, mais tempo dedica a escutar. É uma habilidade que você nunca domina completamente. Com o tempo, ela se torna mais natural, mas sempre requer esforço e concentração.

Uma forma de começar é fazendo exercícios de escuta. Sente-se com um amigo e lhe peça que conte uma história para você. Não faça anotações enquanto ele estiver falando. Apenas escute. Depois que seu amigo terminar, anote os detalhes que você lembra ou tente recontar a história e confira como sua versão se compara à dele. Parece fácil, mas você provavelmente lembrará menos do que espera. Repetir esse exercício desenvolverá suas habilidades de escuta.

Você também pode experimentar o Jogo das Três Perguntas, que Andy Crissinger, da Reboot, usa com os clientes. Você e seu amigo devem escrever três perguntas abertas para fazer um ao outro. Durante três minutos, um pergunta, e o outro responde. Depois, vocês invertem os papéis. O ouvinte deve permanecer em silêncio pelos três minutos, mesmo que o falante termine de responder antes do tempo.

Após o exercício, dedique quatro minutos para compartilhar a experiência de escuta. Como foi ser o ouvinte? Como foi ser o falante? O que aprendeu com a outra pessoa? O que percebeu? O que sentiu?

A seguir, apresento algumas outras técnicas que podem tornar você um melhor ouvinte.

Guarde o celular. Quando Christine Lagarde se tornou presidente do Banco Central Europeu, ela emitiu uma ordem aos membros do conselho: nada de celulares ou iPads nas reuniões[13]. Ao contrário de seu antecessor, Mario Draghi, que passava muito tempo olhando para esses aparelhos enquanto as pessoas falavam, Lagarde fala pouco e escuta muito. Ela exige o mesmo dos outros.

Programe intervalos entre as videoconferências. Se possível, não agende reuniões consecutivas. Mas, se for inviável, faça uma pausa de cinco minutos. Levante-se da mesa e caminhe sem olhar para nenhuma tela. Isso lhe dará um pouco de energia para se concentrar durante a chamada seguinte.

Prepare-se. Antes de encontrar um amigo em uma cafeteria, reserve um minuto para se concentrar. Sente-se no carro e respire fundo algumas vezes. Relaxe. Acalme-se. Jerry Colonna, da Reboot, chama esse processo de "autorrelaxamento". Antes de escutar outra pessoa, você precisa entrar no estado de espírito adequado: aberto, receptivo, pronto para o que der e vier.

Imagine que é um ator de improviso. Atores de improviso usam uma técnica chamada "Sim, e", o que significa que, independentemente do que a outra pessoa disser, você começa concordando e, depois, continua a partir daí. (Começar com "não" pode interromper o esquete.) O improviso trata de escutar e aproveitar o que a outra pessoa diz. Não entre em uma conversa com comentários planejados. Não force um assunto. Deixe a conversa fluir.

Pergunte. É assim que se faz alguém falar. Perguntar é uma arte em si e pode exigir certa prática. Faça perguntas abertas. Resista ao desejo de interromper. Não pense no que você dirá quando a outra pessoa terminar de falar.

Use a linguagem corporal. Mostre ao interlocutor que você está escutando. Incline-se em direção a ele. Acene. Sorria. Não franza o cenho. Não faça expressões que sinalizem discordância ou desaprovação. Mais da metade da comunicação envolve linguagem corporal[14]. Mantenha uma postura aberta, com os braços descruzados. Fique parado. Movimentos excessivos transparecem distração. O esforço necessário para *mostrar* à pessoa que você está escutando vai forçá-lo a escutar.

Defina lembretes. Acima da tela de meu computador, mantenho um recado — "ESCUTE!" — para que eu o veja sempre que estou no telefone ou em uma videoconferência. Tom Peters escreve a mesma coisa no dorso da mão.

Grave a si mesmo. Em uma conversa, grave o que você diz e, em seguida, faça a transcrição. (Existem sites que oferecem esse serviço por um valor acessível.) Leia a transcrição e analise seu desempenho. O primeiro aspecto que você notará é como as conversas podem ser caóticas. Mas você terá uma representação visual do quanto monopolizou a conversa. Para mim, foi um exercício desagradável, mas também revelador, que acabou me ajudando a calar a boca e escutar.

E, AGORA, VOCÊ ALCANÇOU A PERFEIÇÃO

Certa vez, Benjamin Franklin se propôs a alcançar a perfeição moral, criando uma lista de treze virtudes e praticando cada uma delas. A segunda virtude listada era o silêncio, que vinha acompanhado da seguinte advertência: "Não fale se não for beneficiar os outros ou a si mesmo; evite conversas superficiais."

Franklin colocou o silêncio no topo de sua lista de autoaperfeiçoamento, pois, admitiu, era um falastrão com o hábito de "tagarelar, fazer trocadilhos e inventar piadas, o que só me tornava aceitável para companhias fúteis." Ele acreditava que desenvolver a disciplina para calar a boca o tornaria uma pessoa melhor e lhe possibilitaria adquirir conhecimento, "obtido mais pelo uso dos ouvidos do que da língua".

Não está claro o quanto Franklin conseguiu permanecer em silêncio, mas ele conquistou grandes feitos. Também parece ter desenvolvido uma aversão por falastrões — o mesmo que aconteceu comigo. Ao começar essa jornada, eu adorava conhecer outros falastrões com quem pudesse satisfazer meu vício. Agora, eles me irritam para caramba. Sou como um ex-fumante que não suporta ficar perto de fumantes.

Prestes a finalizar este livro, refiz o teste da Escala *Talkaholic* para conferir possíveis progressos. Dessa vez, em vez de tirar cinquenta, a pontuação mais alta, acabei com quarenta, ou seja, apenas um *borderline talkaholic*. Melhor ainda, minha esposa me deu 38 pontos. Com certeza, o teste não é muito científico, e os resultados podem ser influenciados pelo viés e pelo pensamento ilusório. Mas acredito que progredi.

Às vezes, ainda me pego tagarelando e iniciando Danólogos — mas, pelo menos, agora eu percebo isso. Pode ser que falar pouco nunca se torne algo natural para mim. Provavelmente, sempre exigirá esforço e concentração. No entanto, cometo menos deslizes do que no passado e sinto os benefícios todos os dias.

Tendo adquirido mais autocontrole, eu me vejo menos ansioso, menos irritado, menos suscetível a explosões e mais capaz de "ser um pouco surdo", como afirmou Ruth Bader Ginsburg. Reverti o Ciclo da Ansiedade. Eu me tornei um ouvinte e um pai melhor, muito menos propenso a irritar meus filhos com Danólogos ou a envergonhá-los falando demais com estranhos. Curiosamente, minha esposa, Sasha, também mudou. Hoje em dia, em situações sociais, sou o mais quieto, e ela fala muito mais do que costumava. É como se meu aprendizado CLBC tivesse lhe dado uma chance de brilhar. Embora eu tenha iniciado essa jornada na esperança de me curar, descobri que o verdadeiro poder do CLBC é ajudar as pessoas ao redor e melhorar a vida delas.

Encontrei oportunidades para passar um tempo em silêncio e desenvolvi a disciplina para me conectar com alguém sem dizer uma única palavra — o que os japoneses chamam de "arte do estômago". Dedico menos tempo a conversas irrelevantes e me esforço mais para ter conversas significativas e substanciais, do tipo que o psicólogo Matthias Mehl descreve como "um ingrediente-chave para uma vida satisfatória".

Meu mundo contém menos barulho e mais alegria, menos arrependimentos e mais paz. Basicamente, estou mais feliz. Espero que, ao terminar este livro, você também encontre seu caminho para a felicidade.

 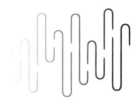

NOTAS

INTRODUÇÃO

1. Paul Halpern, "Einstein Shunned Phones in Favor of Solitude and Quiet Reflection", Medium, 29 de agosto de 2016, https://phalpern.medium.com/einstein-shunned-phones-in-favor-of-solitude-and-quiet-reflection-d708deaa216b.

2. Imke Kirste *et al.*, "Is Silence Golden? Effects of Auditory Stimuli and Their Absence on Adult Hippocampal Neurogenesis", *Brain Structure and Function* 220, no. 2 (2013): p. 1221–28, https://doi.org/10.1007/s00429-013-0679–3.

A ESCALA *TALKAHOLIC*

1. James C. McCroskey e Virginia Richmond, "Identifying Compulsive Communicators: The Talkaholic Scale", *Communication Research Reports* 10, no. 2 (1993): p. 107–14.

1: DO QUE FALAMOS QUANDO FALAMOS DE FALA EXCESSIVA

1. Crystal Raypole, "Has Anyone Ever Said You Talk Too Much? It Might Just Be Your Personality", Healthline, 16 de fevereiro de 2021, https://www.healthline.com/health/talking-too-much#is-it-really-too-much.

2. Diana Wells, "Pressured Speech Related to Bipolar Disorder", Healthline, 6 de dezembro de 2019, https://www.healthline.com/health/bipolar-disorder/pressured-speech.

3. Michael J. Beatty *et al.*, "Communication Apprehension and Resting Alpha Range Asymmetry in the Anterior Cortex", *Communication Education* 60, no. 4 (2011): p. 441–60, https://doi.org/10.1080/03634523.2011.563389.

CALE A BOCA

4   "Americans' Overall Level of Anxiety About Health, Safety and Finances Remain High", Associação Americana de Psiquiatria, 20 de maio de 2019, https://www.psychiatry.org/newsroom/news-releases/americans-overall-level-of-anxiety-about-health-safety-and-finances-remain-high.

5   Facts & Statistics, Anxiety and Depression Association of America, ADAA, s.d., https://adaa.org/understanding-anxiety/facts-statistic.

2: CLBCD: CALE A BOCA E DESLIGUE

1   "The Attachment Problem: Cellphone Use in America", SureCall, s.d., https://www.surecall.com/docs/20180515-SureCall-Attachment-Survey-Results-v2.pdf.

2   Kasey Moore, "Netflix Unveils Slate of 87 New Movies Coming in 2022", What's on Netflix, 10 de fevereiro de 2022, https://www.whats-on-netflix.com/news/netflix-unveils-slate-of-87-new-movies-coming-in-2022/.

3   Reed Gaudens, "Full List of Netflix Shows Confirmed for Release in 2022", Netflix Life, FanSided, 27 de janeiro de 2022, https://netflixlife.com/2022/01/27/full-list-netflix-shows-confirmed-release-2022/.

4   "Top US Media Groups Including Disney, Netflix Look to Spend $115B in 2022: FT", Yahoo!, s.d., https://www.yahoo.com/video/top-us-media-groups-including-105112204.html#:~:text=Netflix%20Inc%20(NASDAQ%3A%20NFLX),cash%20flow%20positive%20in%202022.

5   G. Winslow, "Streaming Is Up, but Consumers Are Overwhelmed by 817K Available Titles", TVTechnology, 6 de abril de 2022, https://www.tvtechnology.com/news/streaming-up-but-consumers-are-overwhelmed-by-817k-available-titles.

6   Chris Melore, "Average Consumer Cutting 3 Streaming Services from Their Lineup in 2022", Study Finds, 6 de maio de 2022, https://www.studyfinds.org/cutting-subscriptions-streaming-tv/.

7   Julia Stoll, "U.S. Household Expenditure on Streaming and Downloading Video 2020", Statista, 17 de janeiro de 2022, https://www.statista.com/statistics/1060036/us-consumer-spending-streaming-downloading-video/.

8   Cara Buckley, "Working or Playing Indoors, New Yorkers Face an Unabated Roar", *New York Times*, 20 de julho de 2012, https://www.nytimes.com/2012/07/20/nyregion/in-new-york-city-indoor-noise-goes-unabated.html.

9   "Noise Sources and Their Effects", https://www.chem.purdue.edu/chemsafety/Training /PPETrain/dblevels.htm.

10 Justin Caba, "Torture Methods with Sound: How Pure Noise Can Be Used to Break You Psychologically", Medical Daily, 21 de janeiro de 2015, https://www.medicaldaily.com/torture-methods-sound-how-pure-noise-can-be-used-break-you-psychologically-318638#:~:text=Sound%20torture%20is%20a%20type,torture%20under%20the%20right%20conditions.

NOTAS

11 Jamie Doward, "Attack on Festive Hits 'Torture'", *Guardian*, 24 de dezembro de 2006, https://www.theguardian.com/uk/2006/dec/24/politics.musicnews.

12 J. J. Pryor, "How Many Stories Are Published on Medium Each Month?", Medium, 3 de fevereiro de 2021, https://medium.com/feedium/how-many-stories-are-published-on-medium-each-month-fe4abb5c2ac0#:~:text=Well%2C%20for%20the%20quick%20answer,answer%20for%202020%20on%20Mr.

13 "2021 Podcast Stats & Facts (New Research from APR 2021)", Podcast Insights, 28 de dezembro de 2021, https://www.podcastinsights.com/podcast-statistics/#:~:text=Also%2C%20a%20common%20question%20is,episodes%20as%20of%20April%202021.

14 Lori Lewis, "Infographic: What Happens in an Internet Minute 2021", All Access, https://www.allaccess.com/merge/archive/33341/infographic-what-happens-in-an-internet-minute.

15 Werner Geyser, "TikTok Statistics — Revenue, Users & Engagement Stats (2022)", Influencer Marketing Hub, 15 de fevereiro de 2022, https://influencermarketinghub.com/tiktok-stats/.

16 "How Much Data Is Generated Every Minute on the Internet?", Daily Infographic, 1º de dezembro de 2021, https://dailyinfographic.com/how-much-data-is-generated-every-minute.

17 Lewis, "Infographic".

18 "Bo Burnham Inside: Can Anyone Shut Up Monologue", YouTube, https://www.youtube.com/watch?v=okq0hj1IMlo.

19 Jacquelyn Bulao, "21 Impressive Slack Statistics You Must Know About in 2022", Techjury, 2 de maio de 2022, https://techjury.net/blog/slack-statistics/#gref.

20 Scott Galloway, "In 2010, we spent 24 minutes on our phones", Twitter, 25 de janeiro de 2022, https://twitter.com/profgalloway/status/1485965678683193349.

21 Werner Geyser, "TikTok Statistics — Revenue, Users & Engagement Stats (2022)", Influencer Marketing Hub, 15 de fevereiro de 2022, https://influencermarketinghub.com/tiktok-stats/#toc0.

22 Nate Anderson, "88% of Americans Use a Second Screen While Watching TV. Why?", Ars Technica, 26 de dezembro de 2019, https://arstechnica.com/gaming/2019/12/88-of-americans-use-a-second-screen-while-watching-tv-why/.

23 Christian P. Janssen *et al.*, "Integrating Knowledge of Multitasking and Interruptions Across Different Perspectives and Research Methods", *International Journal of Human-Computer Studies* 79 (2015): p. 1–5, https://doi.org/10.1016/j.ijhcs.2015.03.002.

24 "Forget Your Kid's Phone Number? 'Digital Amnesia' Is Rampant, Poll Finds", CBC News, 8 de outubro de 2015, https://www.cbc.ca/news/science/digital-amnesia-kaspersky-1.3262600.

25 Kevin McSpadden, "Science: You Now Have a Shorter Attention Span Than a Goldfish", *Time*, 14 de maior de 2015, https://time.com/3858309/attention-spans-goldfish/.

26 Kevin Kelly, "The Roaring Zeros", *Wired*, 1º de setembro de 1999, https://www.wired.com/1999/09/zeros/.

27 Aaron Holmes, "Facebook's Former Director of Monetization Says Facebook Intentionally Made Its Product as Addictive as Cigarettes — and Now He Fears It Could Cause 'Civil War'", *Business Insider*, 14 de setembro de 2020, https://www.businessinsider.com/former-facebook-exec-addictive-as-cigarettes-tim-kendall-2020–9.

28 Sean Morrison, "Average Person Takes More Than 450 Selfies Every Year, Study Finds", *Evening Standard*, 19 de dezembro de 2019, https://www.standard.co.uk/news/uk/average-person-takes-more-than-450-selfies-every-year-study-finds-a4317251.html.

29 Prabhat Verma, "They Spent a Fortune on Pictures of Apes and Cats. Do They Regret It?", *Washington Post*, 25 de maio de 2022, https://www.washingtonpost.com/technology/2022/05/25/nft-value-drop/.

30 "Most Influential Emotions on Social Networks Revealed", *MIT Technology Review*, 2 de abril de 2020, https://www.technologyreview.com/2013/09/16/176450/most-influential-emotions-on-social-networks-revealed/.

31 "What Works on Tiktok: Our AI Analysis", Butter Works, https://butter.works/clients/tiktok/charts.

32 Matt Labash, "High Steaks", post de blog, *Slack Tide by Matt Labash*, 3 de fevereiro de 2022, https://mattlabash.substack.com/p/high-steaks?s=r.

33 "2021 Unruly Passenger Data", Administração Federal de Aviação, 1º de março de 2022, https://www.faa.gov/data_research/passengers_cargo/unruly_passengers/.

34 Zusha Elinson, "Murders in U.S. Cities Were Near Record Highs in 2021", *Wall Street Journal*, 6 de janeiro de 2022, https://www.wsj.com/articles/murders-in-u-s-cities-were-near-record-highs-in-2021–11641499978.

35 Simon Kuper, "The True Toll of the Antivax Movement", *Financial Times*, 13 de janeiro de 2022, https://www.ft.com/content/a1b5350a-4dba-40f4–833b-1e35199e2e9b.

36 B. T. te Wildt *et al.*, "Identität und Dissoziation im Cyberspace", *Der Nervenarzt* 77, no. 1 (2006): p. 81–84, https://doi.org/10.1007/s00115-005-1893-x.

37 Fatih Canan *et al.*, "The Association Between Internet Addiction and Dissociation Among Turkish College Students", *Comprehensive Psychiatry* 53, no. 5 (2012): p. 422–26, https://doi.org/10.1016/j.comppsych.2011.08.006.

38 Sami Ouanes e Julius Popp, "High Cortisol and the Risk of Dementia and Alzheimer's Disease: A Review of the Literature", *Frontiers in Aging Neuroscience* 11 (2019), https://doi.org/10.3389/fnagi.2019.00043.

39 Robert H. Lustig, *The Hacking of the American Mind: The Science Behind the Corporate Takeover of Our Bodies and Brains* (Nova York: Avery, 2018): p. 60–62.

40 Lustig citado em Catherine Price, "Putting Down Your Phone May Help You Live Longer", *New York Times*, 24 de abril de 2019, https://www.nytimes.com/2019/04/24/well/mind/putting-down-your-phone-may-help-you-live-longer.html.

41 Terry Small, "Brain Bulletin #5 — Stress Makes You Stupid", TerrySmall.com, https://www.terrysmall.com/blog/brain-bulletin-5-stress-makes-you-stupid#:~:text=When%20you%20stress%2C%20you%20release,for%20your%20brain%2C%20say%20researchers.

42 Eric Hagerman, "Don't Panic — It Makes You Stupid", *Wired*, 21 de abril de 2008, https://www.wired.com/2008/04/gs-08dontpanic/.

43 Lexi Lonas, "Facebook Reports Losing Users for the First Time in Its History", *Hill*, 4 de fevereiro de 2022, https://thehill.com/policy/technology/592802-facebook-reports-losing-users-for-the-first-time-in-its-history/#:~:text=Facebook's%20earnings%20report%20on%20Wednesday,2021%2C%20the%20earnings%20report%20showed.

44 Emma Roth, "Survey Shows Netflix Is Losing More Long-Term Subscribers", *Verge*, 18 de maio de 2022, https://www.theverge.com/2022/5/18/23125424/netflix-losing-long-term-subscribers-streaming.

45 Ian Bogost, "People Aren't Meant to Talk This Much", *Atlantic*, 16 de fevereiro de 2022, https://www.theatlantic.com/technology/archive/2021/10/fix-facebook-making-it-more-like-google/620456/.

3: CLBC NAS REDES SOCIAIS

1 "Facebook: Daily Active Users Worldwide 2022", Statista, https://www.statista.com/statistics/346167/facebook-globaldau/#:~:text=Facebook%20audience%20reach&text=The%20number%20of%20monthly%20active,from%2067.4%20percent%20in%202020.

2 "Instagram Users Worldwide 2025", Statista, https://www.statista.com/statistics/183585/instagram-number-of-global-users/.

3 "Snap Inc. Announces Fourth Quarter and Full Year 2021 Financial Results", Snap Inc., s.d., https://investor.snap.com/news/news-details/2022/Snap-Inc.-

Announces-Fourth-Quarter-and-Full-Year-2021-Financial-Results/default.aspx.

4 "Global Social Media Stats", DataReportal, https://datareportal.com/social-media-users.

5 "CMU Researcher Seeks to Understand the Regret Behind Social Media", Human-Computer Interaction Institute, s.d., https://www.hcii.cmu.edu/news/2021/cmu-researcher-seeks-understand-regret-behind-social-media#:~:text=At%20the%20end%20of%20the,in%20nearly%2040%25%20of%20sessions.

6 Adi Robertson, "Social Media Harder to Resist Than Cigarettes, According to Study", Verge, 5 de fevereiro de 2012, https://www.theverge.com/2012/2/5/2771255/social-media-willpower-failure-chicago-university-study.

7 Andrew Griffin, "Meta: Facebook Is Building 'the Most Powerful AI Computer in the World'", *Independent*, 24 de janeiro de 2022, https://www.independent.co.uk/tech/meta-facebook-ai-metaverse-rsc-b1999605.html.

8 Rich Miller, "Facebook Has 47 Data Centers Under Construction", Data Center Frontier, 10 de novembro de 2021, https://datacenterfrontier.com/facebook-has-47-data-centers-under-construction/.

9 Trevor Wheelwright, "2022 Cell Phone Usage Statistics: How Obsessed Are We?", Reviews, 24 de janeiro de 2022, https://www.reviews.org/mobile/cell-phone-addiction/#:~:text=using%20our%20phones%3F-,On%20average%2C%20Americans%20check%20their%20phones%20344%20times%20per%20day,10%20minutes%20of%20waking%20up.

10 Bill Hathaway, "Likes and Shares Teach People to Express More Outrage Online", YaleNews, 16 de agosto de 2021, https://news.yale.edu/2021/08/13/likes-and-shares-teach-people-express-more-outrage-online.

11 William J. Brady *et al.*, "How Social Learning Amplifies Moral Outrage Expression in Online Social Networks", *Science Advances* 7, no. 33 (2021): https://doi.org/10.1126/sciadv.abe5641.

12 "Outrage Amplified", Findings, *Yale Alumni Magazine*, s.d., https://yalealumnimagazine.com/articles/5406-outrage-amplified.

13 Ryan C. Martin *et al.*, "Anger on the Internet: The Perceived Value of Rant-Sites", *Cyberpsychology, Behavior, and Social Networking* 16, no. 2 (2013): https://www.liebertpub.com/doi/10.1089/cyber.2012.0130.

14 "Are Online Rants Good for Your Health?", Healthline, 21 de novembro de 2017, https://www.healthline.com/health-news/are-online-rants-good-for-your-health#Anger-is-the-real-problem.

15 Anna Lembke, "Digital Addictions Are Drowning Us in Dopamine", *Wall Street Journal*, 13 de agosto de 2021, https://www.wsj.com/articles/digital-addictions-are-drowning-us-in-dopamine-11628861572.

16 Katherine Hobson, "Feeling Lonely? Too Much Time on Social Media May Be Why", NPR, 6 de março de 2017, https://www.npr.org/sections/health-shots/2017/03/06/518362255/feeling-lonely-too-much-time-on-social-media-may-be-why.

17 Lauren Cassani Davis, "The Flight from Conversation", *Atlantic*, 7 de outubro de 2015, https://www.theatlantic.com/technology/archive/2015/10/reclaiming-conversation-sherry-turkle/409273/.

18 M. Lawton, "Reclaim Conversation from Technology, Suggests Clinical Psychologist", *Chicago Tribune*, 23 de maio de 2019, https://www.chicagotribune.com/suburbs/lake-forest/ct-lfr-turkle-tl-1015–20151009-story.html.

19 Bonnie Evie Gifford, "Our Digital Lives Are Overtaking Our Real-Life Interactions", *Happiful*, 19 de dezembro de 2019, https://happiful.com/digital-conversations-overtake-real-life-interactions/.

20 "Technoference: How Technology Can Hurt Relationships", Institute for Family Studies, s.d., https://ifstudies.org/blog/technoference-how-technology-can-hurt-relationships#:~:text=62%25%20said%20technology%20interferes%20with,the%20middle%20of%20a%20conversation.

21 Skye Bouffard, Deanna Giglio e Zane Zheng, "Social Media and Romantic Relationship: Excessive Social Media Use Leads to Relationship Conflicts, Negative Outcomes, and Addiction via Mediated Pathways", *Social Science Computer Review*, https://doi.org/10.1177/08944393211013566.

22 MediLexicon International, "How Does Social Media Affect Relationships?", Medical News Today, s.d., https://www.medicalnewstoday.com/articles/social-media-and-relationships#negative-effects.

23 Kalev H. Leetaru, "Social Media Has Taught Us to Talk Rather Than Listen", *Forbes*, 23 de abril de 2019, https://www.forbes.com/sites/kalevleetaru/2019/04/23/social-media-has-taught-us-to-talk-rather-than-listen/?sh=5783f5d155c0.

24 Lydia Dishman, "The Science of Why We Talk Too Much (and How to Shut Up)", Fast Company, 11 de junho de 2015, https://www.fastcompany.com/3047285/the-science-of-why-we-talk-too-much-and-how-to-shut-up.

25 Amanda Lenhart, "Teens, Technology, and Friendships", Pew Research Center: Internet, Science and Tech, 30 de maio de 2020, https://www.pewresearch.org/internet/2015/08/06/teens-technology-and-friendships/.

26 M. E. Morris, "Enhancing Relationships Through Technology: Directions in Parenting, Caregiving, Romantic Partnerships, and Clinical Practice", *Dialogues in Clinical Neuroscience* 22, no. 2 (2020): p. 151–60, https://doi.org/10.31887/dcns.2020.22.2/mmorris.

27 Josh Barro, "Are There Any Adults at the Washington Post?", 7 de junho de 2022, https://www.joshbarro.com/p/are-there-any-adults-at-the-washington?utm_source=email&s=r.

28 Sarah Snow, "Don't Post That! Why Half of Americans Regret Their Social Media Posts", Social Media Today, 28 de julho de 2015, https://www.socialmediatoday.com/news/dont-post-that-why-half-of-americans-regret-their-social-media-posts/454600/.

29 Jake Gammon, "Social Media Blunders Cause More Damage to Important Relationships Today Than Two Years Ago", YouGovAmerica, 22 de julho de 2015, https://today.yougov.com/topics/lifestyle/articles-reports/2015/07/22/social-media-blunders-cause-more-damage-important-.

30 Yang Wang et al., "I Regretted the Minute I Pressed Share: A Qualitative Study of Regrets on Facebook", Universidade Carnegie Mellon, s.d., https://cups.cs.cmu.edu/soups/2011/proceedings/a10_Wang.pdf.

31 "Many Young Americans Regret Online Posts Made While High", MedicineNet, 7 de agosto de 2019, https://www.medicinenet.com/script/main/art.asp?articlekey=223426.

32 "Calvin Newport — Georgetown University", s.d., https://people.cs.georgetown.edu/~cnewport/.

33 "Comedian on Being Kicked Off Stage", YouTube, 19 de dezembro de 2019, https://www.youtube.com/watch?v=3n9CsdcLP4g.

34 Arthur C. Brooks, "How to Break a Phone Addiction", Atlantic, 7 de outubro de 2021, https://www.theatlantic.com/family/archive/2021/10/digital-addiction-smartphone/620318/.

4: *MANSPLAINING, MANTERRUPTING* E *MANALOGUES*

1 Allison Sadlier, "This Is How Often Women in the US Experience Mansplaining", *New York Post*, 16 de março de 2020, https://nypost.com/2020/03/16/this-is-how-often-women-in-the-us-experience-mansplaining/.

2 Soraya Chemaly, "10 Simple Words Every Girl Should Learn", Role Reboot, 6 de maio de 2014, http://www.rolereboot.org/culture-and-politics/details/2014–05–10-simple-words-every-girl-learn/.

3 Tracy Clark-Flory, "FactChecking 'the Female Brain'", Salon, 25 de setembro de 2011, https://www.salon.com/2006/09/26/gender_difference_2/.

4 Deborah Solomon, "He Thought, She Thought: Questions for Dr. Louann Brizendine", *New York Times*, 10 de dezembro de 2006, https://www.nytimes.com/2006/12/10/magazine/10wwln_q4.html.

5 Stephen Moss, "Do Women Really Talk More?", *Guardian*, 27 de novembro de 2006, https://www.theguardian.com/lifeandstyle/2006/nov/27/familyandrelationships.

6 Kieran Snyder, "How to Get Ahead as a Woman in Tech: Interrupt Men", *Slate*, 23 de julho de 2014, https://slate.com/human-interest/2014/07/study-men-interrupt-women-more-in-tech-workplaces-but-high-ranking-women-learn-to-interrupt.html.

7 Elizabeth Redden, "Study: Men Speak 1.6 Times More Than Women in College Classrooms", *Inside Higher Ed*, https://www.insidehighered.com/quicktakes/2021/01/19/study-men-speak-16-times-more-women-college-classrooms.

8 Colleen Flaherty, "The Missing Women", Inside Higher Ed's News, *Inside Higher Ed*, https://www.insidehighered.com/news/2017/12/19/study-finds-men-speak-twice-often-do-women-colloquiums.

9 Marina Bassi *et al.*, "Failing to Notice? Uneven Teachers' Attention to Boys and Girls in the Classroom", *IZA Journal of Labor Economics* 7, no. 9 (2018), https://izajole.springeropen.com/articles/10.1186/s40172-018-0069-4.

10 Bernice Ng, "Are MaleDominated Workspaces Harmful to Women?", *Marie France Asia*, 20 de maio de 2016, https://www.mariefranceasia.com/career-advice/tips-for-success/male-dominated-workspaces-harmful-women-123584.html.

11 "Language Myth # 6", Language as Prejudice, Do You Speak American?, PBS, https://www.pbs.org/speak/speech/prejudice/women/.

12 Don Zimmerman e Candace West, "Sex Roles, Interruptions, and Silence in Conversation", Universidade Stanford, https://www.web.stanford.edu/~eckert/PDF/zimmermanwest1975.pdf.

13 Adrienne B. Hancock e Benjamin A. Rubin, "Influence of Communication Partner's Gender on Language", *Journal of Language and Social Psychology* 34, no. 1 (2014): p. 46–64, https://doi.org/10.1177/0261927x14533197.

14 J. Carlisle Larsen, "Study Shows Female Supreme Court Justices Get Interrupted More Often Than Male Colleagues", Wisconsin Public Radio, 19 de abril de 2019, https://www.wpr.org/study-shows-female-supreme-court-justices-get-interrupted-more-often-male-colleagues.

15 Juliet Eilperin, "White House Women Want to Be in the Room Where It Happens", *Washington Post*, 28 de outubro de 2021, https://www.washingtonpost.com/news/powerpost/wp/2016/09/13/white-house-women-are-now-in-the-room-where-it-happens/.

16 Deborah Tannen, "The Power of Talk: Who Gets Heard and Why", *Harvard Business Review*, 15 de outubro de 2019, https://hbr.org/1995/09/the-power-of-talk-who-gets-heard-and-why.

17 Laurie Heatherington *et al.*, "Two Investigations of Female Modesty in Achievement Situations", *Sex Roles* 29, no. 11–12 (1993): p. 739–54, https://doi.org/10.1007/bf00289215.

18 Susan Adams, "8 Blind Spots Between the Sexes at Work", *Forbes*, 26 de abril de 2013, https://www.forbes.com/sites/susanadams/2013/04/26/8-blind-spots-between-the-sexes-at-work/?sh=3cfec433314d.

19 Rob Kendall, "5 Ways Men and Women Talk Differently", *Psychology Today*, 15 de dezembro de 2016, https://www.psychologytoday.com/us/blog/blamestorming/201612/5-ways-men-and-women-talk-differently.

20 Charlotte Alter, "Google's Eric Schmidt Called Out for Interrupting the Only Woman on the Panel", *Time*, 17 de março de 2015, https://time.com/3748208/google-exec-eric-schmidt-called-out-for-interrupting-only-woman-on-panel/.

21 Jessica Nordell, "Why Aren't Women Advancing at Work? Ask a Transgender Person", *New Republic*, 27 de agosto de 2014, https://newrepublic.com/article/119239/transgender-people-can-explain-why-women-dont-advance-work.

22 Shankar Vedantam, "How the Sex Bias Prevails", Age, 14 de maio de 2010, https://www.theage.com.au/national/how-the-sex-bias-prevails-20100514-v4mv.html#ixzz3BXBN2SNG.

23 Jason Maderer, "Women Interrupted: A New Strategy for Male-Dominated Discussions", Notícias, Universidade Carnegie Mellon, 20 de outubro de 2021, https://www.cmu.edu/news/stories/archives/2020/october/women-interrupted-debate.html.

24 Sheryl Sandberg e Adam Grant, "Speaking While Female", *New York Times*, 12 de janeiro de 2015, https://www.nytimes.com/2015/01/11/opinion/sunday/speaking-while-female.html.

25 Larsen, "Study Shows Female Supreme Court Justices Get Interrupted More Often Than Male Colleagues".

5: CLBC COMO REMÉDIO

1 Louise Tickle, "Positive Thinking Can Kill Cancer Cells, Say Psychologists", *Guardian*, 16 de abril de 2000, https://www.theguardian.com/uk/2000/apr/16/theobserver.uknews2.

2 Alexis Blue, "Frequent 'I-Talk' May Signal Proneness to Emotional Distress", Notícias da Universidade do Arizona, 7 de março de 2018, https://news.arizona.edu/story/frequent-italk-may-signal-proneness-emotional-distress.

3 Erik C. Nook *et al.*, "Linguistic Measures of Psychological Distance Track Symptom Levels and Treatment Outcomes in a Large Set of Psychotherapy Transcripts", *Proceedings of the National Academy of Sciences* 119, no. 13 (2022), https://doi.org/10.1073/pnas.2114737119.

NOTAS

4   Ariana Orvell *et al.*, "Does Distanced Self-Talk Facilitate Emotion Regulation Across a Range of Emotionally Intense Experiences?", *Clinical Psychological Science* 9, no. 1 (2020), p. 68–78, https://doi.org/10.1177/2167702620951539.

5   Organização Nacional de Turismo do Japão, "Forest Bathing in Japan (ShinrinYoku)", Travel Japan, https://www.japan.travel/en/guide/forest-bathing/.

6   "Sacred Sites & Pilgrimage Routes in the Kii Mountain Range (UNESCO): World Heritage", Travel Japan, https://www.japan.travel/en/world-heritage/sacredsites-and-pilgrimage-routes-in-the-kii-mountain-range/.

7   Akemi Furuyashiki *et al.*, "A Comparative Study of the Physiological and Psychological Effects of Forest Bathing (Shinrin-Yoku) on Working Age People with and without Depressive Tendencies", *Environmental Health and Preventive Medicine* 24, no. 1 (2019), https://doi.org/10.1186/s12199-019-0800-1.

8   Kirste *et al.*, "Is Silence Golden?", p. 1221–28.

9   Ruth Williams, "Young Brain Cells Silence Old Ones to Quash Anxiety", *Scientist Magazine*, 27 de junho de 2019, https://www.the-scientist.com/news-opinion/young-brain-cells-silence-old-ones-to-quash-anxiety-64385.

10 Eira-Maija Savonen, "Forest Therapy and the Health Benefits of Forest", 27 de fevereiro de 2019, https://www.vomentaga.ee/sites/default/files/editor/failid/forest_therapy_and_the_health_benefits_of_forest_karvia_27.2.2019_moniste_jaettavaksi.pdf.

11 "Forest Bathing", Alpenwelt Resort, https://www.alpenwelt.net/en/summer-autumn-holiday/forest-bathing/.

12 Gauri Verma e Ricardo Araya, "The Effect of Meditation on Psychological Distress Among Buddhist Monks and Nuns", *International Journal of Psychiatry in Medicine* 40, no. 4 (2010): p. 461–68, https://doi.org/10.2190/pm.40.4.h.

13 Eileen Luders, Nicolas Cherbuin e Florian Kurth, "Forever Young(er): Potential AgeDefying Effects of Long-Term Meditation on Gray Matter Atrophy", *Frontiers in Psychology* 5 (2015), https://doi.org/10.3389/fpsyg.2014.01551.

14 Madhav Goyal *et al.*, "Meditation Programs for Psychological Stress and Well-Being", *JAMA Internal Medicine* 174, no. 3 (2014): p. 357, https://doi.org/10.1001/jamainternmed.2013.13018.

15 Randy L. Buckner, "The Brain's Default Network: Origins and Implications for the Study of Psychosis", *Dialogues in Clinical Neuroscience* 15, no. 3 (2013): p. 351–58, https://doi.org/10.31887/dcns.2013.15.3/rbuckner.

16 Marcus Baram, "Silent Mode: Why the Stars of Silicon Valley Are Turning to Silent Meditation Retreats", Fast Company, 12 de abril de 2019, https://www.

fastcompany.com/90334124/from-hacking-the-mind-to-punishing-ennui-techs-brightest-are-taking-to-silent-retreats.

17. "How Meditation Apps Became a Billion-Dollar Industry", Newsy, 2 de maio de 2022, https://www.newsy.com/stories/how-meditation-apps-became-a-billion-dollar-industry/.

18. Jazmin Goodwin, "Health and Wellness Apps Offer Free Services to Help Those Coping with Coronavirus", *USA Today*, 25 de março de 2020, https://www.usatoday.com/story/tech/2020/03/21/health-and-wellness-apps-offer-freebies-coping-coronavirus/2892085001/.

6: CLBC NO TRABALHO

1. Derak du Preez, "GE Staying Current by Becoming an 'As-a-Service' Business", *Diginomica*, 29 de abril de 2019, https://diginomica.com/ge-staying-current-by-becoming-an-as-a-service-business.

2. Hal Gregersen, "Bursting Out of the CEO Bubble", *Harvard Business Review*, 21 de fevereiro de 2017, https://hbr.org/2017/03/bursting-the-ceo-bubble.

3. The 4-24 Project, https://4-24project.org/.

4. Steven Loveday, "Tesla Spends Least on Ads, Most on R&D: Report", InsideEVs, 25 de março de 2022, https://insideevs.com/news/575848/tesla-highest-research-development-no-ads/.

5. Fred Lambert, "Tesla Dissolves Its PR Department — A New First in the Industry", Electrek, 6 de outubro de 2020, https://electrek.co/2020/10/06/tesla-dissolves-pr-department/.

6. C. W. Headley, "Steve Jobs Once Did This for 20 Seconds and It Became a Legendary Power Move", Ladders, 14 de dezembro de 2020, https://www.theladders.com/career-advice/steve-jobs-once-did-this-for-20-seconds-and-it-became-a-legendary-power-move.

7. Chris Orlob, "This Is What a 'Deal Closing' Discovery Call Looks Like", Gong, 5 de julho de 2017, https://www.gong.io/blog/deal-closing-discovery-call/.

8. "Hold Up — More than 80 Percent of People Are Put on Hold Every Time They Contact a Business", Talkto, Cision PR Newswire, 23 de janeiro de 2013, https://www.prnewswire.com/news-releases/hold-up—more-than-80-percent-of-people-are-put-on-hold-every-time-they-contact-a-business-188032061.html.

9. Myra Bryant Golden, "Customer Service: Call Control Strategies", tutorial em vídeo, LinkedIn, 14 de agosto de 2019, https://www.linkedin.com/learning/customer-service-call-control-strategies/give-a-limited-response?autoplay=true&resume=false.

10. Jason R. Axsom, "Compulsive Talkers: Perceptions of Over Talkers Within the Workplace", dissertação de mestrado, Universidade de Nebraska em Omaha, 2006, https://digitalcommons.unomaha.edu/studentwork/205/.
11. "You Waste a Lot of Time at Work", Atlassian, s.d., https://www.atlassian.com/time-wasting-at-work-infographic.
12. "Minutes (Wasted) of Meeting: 50 Shocking Meeting Statistics", *BOOQED* (blog), s.d., https://www.booqed.com/blog/minutes-wastedof-meeting-50-shocking-meeting-statistics.
13. "Productivity Trends Report: One-on-One Meeting Statistics: Reclaim", RSS, s.d., https://reclaim.ai/blog/productivity-report-one-on-one-meetings.
14. Gino Spocchia, "'Walk Out of a Meeting': Elon Musk's Six Rules for Staff Resurfaces", Yahoo! News, 28 de abril de 2021, https://money.yahoo.com/walk-meeting-elon-musk-six-154936765.html.
15. Flynn, "27 Incredible Meeting Statistics".
16. Flynn, "27 Incredible Meeting Statistics".
17. Adam M. Mastroianni *et al.*, "Do Conversations End When People Want Them To?", *Proceedings of the National Academy of Sciences* 118, no. 10 (2021), https://doi.org/10.1073/pnas.2011809118.
18. "Constellation Research", YouTube, https://www.youtube.com/c/ConstellationResearch/videos.
19. Brian O'Connell, "Hail to the 'Humble' Manager", SHRM, 6 de julho de 2021, https://www.shrm.org/resourcesandtools/hr-topics/people-managers/pages/managing-with-humility-.aspx.
20. Sue Shellenbarger, "The Best Bosses Are Humble Bosses", *Wall Street Journal*, 9 de outubro de 2018, https://www.wsj.com/articles/the-best-bosses-are-humble-bosses-1539092123.

7: CLBC EM CASA

1. Alison Gopnik, "A Manifesto Against 'Parenting'", *Wall Street Journal*, 8 de julho de 2016, https://www.wsj.com/articles/a-manifesto-against-parenting-1467991745.
2. Claire Cain Miller, "The Relentlessness of Modern Parenting", *New York Times*, 25 de dezembro de 2018, https://www.nytimes.com/2018/12/25/upshot/the-relentlessness-of-modern-parenting.html.
3. K. H. Kim, "The Creativity Crisis: It's Getting Worse", Idea to Value, s.d., https://www.ideatovalue.com/crea/khkim/2017/04/creativity-crisis-getting-worse/.
4. Michaeleen Doucleff, "How to Be a Calmer Parent and Stop Arguing with Your Kids", *Time*, 6 de março de 2021, https://time.com/5944210/calm-parenting-technique/.

5   Michaeleen Doucleff, *Hunter, Gather, Parent: What Ancient Cultures Can Teach Us About the Lost Art of Raising Happy, Helpful Little Humans* (Nova York: Avid Reader Press, 2021), p. 127.

6   Vicki Hoefle, *Duct Tape Parenting: A Less Is More Approach to Raising Respectful, Responsible, and Resilient Kids* (Nova York, NY: Bibliomotion, 2012).

7   Mary Dickinson Bird, "Talk More, Say Less", *Science and Children* 38, no. 4 (2001): p. 47–50.

8   Allison Gopnik, *The Gardener and the Carpenter: What the New Science of Child Development Tells Us About the Relationship Between Parents and Children* (Nova York: St. Martin's Press, 2017).

9   Maxwell King, *The Good Neighbor: The Life and Work of Fred Rogers* (Nova York: Abrams Press, 2018).

10 Mary McNamara, "'A Beautiful Day' Is a Great Movie. It Just Misses the Point of Mister Rogers", *Los Angeles Times*, 30 de novembro de 2019, https://www.latimes.com/entertainment-arts/story/2019-11-30/beautiful-day-neighborhood-is-a-great-movie-its-just-not-about-mister-rogers.

11 "Fred Rogers Acceptance Speech — 1997", YouTube, s.d., https://www.youtube.com/watch?v=Upm9Lnu CBUM.

12 William Stixrud e Ned Johnson, *The Self-Driven Child: The Science and Sense of Giving Your Kids More Control over Their Lives* (Nova York: Penguin Books, 2019).

13 Diane Tavenner, "How I Learned to Let My Kid Fail", *Time*, 26 de setembro de 2019, https://time.com/5687129/children-failure/.

14 Maija Kappler, "9 Parenting Tips from Michelle Obama and Her Mom", *HuffPost*, 17 de setembro de 2020, https://www.huffpost.com/archive/ca/entry/michelle-obama-parenting-tips_ca_5f623cc8c5b61845586574e6.

15 Róisín Ingle, "Michelle Obama: World's Most Powerful People 'Aren't That Smart'", *Irish Times*, 4 de dezembro de 2018, https://www.irishtimes.com/culture/books/michelle-obama-world-s-most-powerful-people-aren-t-that-smart-1.3719527.

16 H.R.H. the Duchess of Sussex, "HRH the Duchess of Sussex Interviews Michelle Obama in the September Issue", British *Vogue*, 29 de julho de 2019, https://www.vogue.co.uk/article/michelle-obama-duchess-of-sussex-interview-2019.

17 Michael Hainey, "Lin-Manuel Miranda Thinks the Key to Parenting Is a Little Less Parenting", *GQ*, 26 de abril de 2016, https://www.gq.com/story/unexpected-lin-manuel-miranda.

18 Pamela Paul, "Let Children Get Bored Again", *New York Times*, 2 de fevereiro de 2019, https://www.nytimes.com/2019/02/02/opinion/sunday/children-bored.html.

NOTAS

19 Hannah Richardson, "Children Should Be Allowed to Get Bored, Expert Says", BBC News, 23 de março de 2013, https://www.bbc.com/news/education-21895704.

20 Sandi Mann e Rebekah Cadman, "Does Being Bored Make Us More Creative?", *Creativity Research Journal* 26, no. 2 (2014): p. 165–73, https://doi.org/10.1080/10400419.2014.901073.

21 Tat Bellamy-Walker, "A Former Twitter Exec Reveals the Simple Strategy Used by Jack Dorsey and Steve Jobs That Helped His Team Be More Creative at Work", *Business Insider*, 14 de agosto de 2020, https://www.businessinsider.com/how-to-be-creative-twitter-apple-aaron-sorkin-innovative-distraction.

22 Becky Pemberton, "Lonely Prince: How Charles Felt the Queen Was a 'Cold and Distant' Mother", *U.S. Sun*, 17 de dezembro de 2019, https://www.the-sun.com/lifestyle/165255/how-charles-felt-the-queen-was-a-cold-and-distant-mother-but-she-didnt-want-to-burden-him-with-duties-as-a-boy/.

23 Sam Knight, "The Collateral Damage of Queen Elizabeth's Glorious Reign", *New Yorker*, 29 de abril de 2022, https://www.newyorker.com/news/letter-from-the-uk/the-collateral-damage-of-queen-elizabeths-glorious-reign.

24 Zoë Heller, "Where Prince Charles Went Wrong", *New Yorker*, 3 de abril de 2017, https://www.newyorker.com/magazine/2017/04/10/where-prince-charles-went-wrong.

25 Jamie Grierson, "Publication of Prince Charles 'Black Spider' Letters: Live", *Guardian*, 13 de maio de 2015, https://www.theguardian.com/uk-news/live/2015/may/13/publication-of-the-prince-charles-black-spider-letters-live.

26 Zoe Forsey, "Queen's Furious Letter to Princess Diana That Finally Ended Marriage to Charles", *Daily Mirror*, 30 de abril de 2020, https://www.mirror.co.uk/news/uk-news/queens-furious-letter-princess-diana-21491557.

27 Forsey, "Queen's Furious Letter to Princess Diana That Finally Ended Marriage to Charles".

28 Kenneth Garger, "What Prince Philip Thought of Harry and Meghan's Oprah Interview", Page Six, 12 de abril de 2020, https://pagesix.com/2021/04/11/prince-philip-thought-harry-and-meghan-markles-interview-was-madness/.

29 François Marmouvet, "In Defence of the British Stiff Upper Lip", Conversation, 16 de novembro de 2021, https://theconversation.com/in-defence-of-the-british-stiff-upper-lip-77347.

30 Vicky McKeever, "This Country Has Been Named the World's Happiest for the Fifth Year in a Row", CNBC, 18 de março de 2022, https://www.cnbc.com/2022/03/18/finland-named-the-worlds-happiest-for-the-fifth-year-in-a-row.html.

31 Laura Studarus, "How the Finnish Survive Without Small Talk", BBC Travel, 18 de outubro de 2018, https://www.bbc.com/travel/article/20181016-how-the-finnish-survive-without-small-talk.

32   "What Makes a Happy Country?", *Indian Express*, 26 de abril de 2021, https://indianexpress.com/article/world/what-makes-a-happy-country-7289534/.

33   Aleksi Teivainen, "Silence an Opportunity for Finnish Tourism Industry", *Helsinki Times*, 4 de setembro de 2014, https://www.helsinkitimes.fi/business/11886-silence-an-opportunity-for-finnish-tourism-industry.html.

34   "8 Ways to Enjoy the Silence: Visit Finnish Lapland", Lapland Above Ordinary, 12 de janeiro de 2022, https://www.lapland.fi/visit/only-in-lapland/8-ways-enjoy-silence-remote-holiday-destination/.

35   Subham Jindal, "'I Will Miss the Silence': Sebastian Vettel Pays a Heartfelt Tribute to Former Ferrari Teammate Kimi Raikkonen", SportsRush, 1º de dezembro de 2021, https://thesportsrush.com/f1-news-i-will-miss-the-silence-sebastian-vettel-pays-a-heartfelt-tribute-to-former-ferrari-teammate-kimi-raikkonen/.

36   Aditya Talpade, "'Only Silent Films': Oscar Winner Travon Free Describes Conversation About Movies with Kimi Räikkönen", Sportskeeda, 2 de dezembro de 2021, https://www.sportskeeda.com/f1/news-oscar-winner-travon-free-describes-conversation-movies-kimi-raikkonen.

37   Mike Colagrossi, "10 Reasons Why Finland's Education System Is the Best in the World", Fórum Econômico Mundial, 10 de setembro de 2018, https://www.weforum.org/agenda/2018/09/10-reasons-why-finlands-education-system-is-the-best-in-the-world.

38   LynNell Hancock, "Why Are Finland's Schools Successful?", *Smithsonian Magazine*, https://www.smithsonianmag.com/innovation/why-are-finlands-schools-successful-49859555/#:~:text=Ninety%2Dthree%20percent%20of%20Finns,student%20than%20the%20United%20States.

39   "Natural Parenting in Finland: Raising Kids Who Love to Learn", Friso, s.d., https://www.friso.com.sg/guides/natural-parenting-finland-raising-kids-who-love-learn#:~:text=The%20Finnish%20believe%20that%20play,their%20preferences%20in%20the%20process.

40   Seiko Mochida, "Home Visit Survey in Finland: Children Playing Cheerfully and Freely — A Work-Life Balance to Support Childrearing by Parents — Current Situation Regarding Children's Attitudes of Learning to Learn", Child Research Net, 29 de setembro de 2017, https://www.childresearch.net/projects/ecec/2017_14.html.

41   "Chinmoku, Sontaku and the Uses of Silence", Japanology, 1º de abril de 2019, https://japanology.org/2019/03/chinmoku-sontaku-and-the-uses-of-silence/.

42   Mrs. H., "Parenting in Public: 10 Hidden Rules Among Japanese Parents to Follow When in Japan", Tsunagu Japan, s.d., https://www.tsunagujapan.com/10-unwritten-social-rules-of-japanese-parenting/.

NOTAS

43 Kate Lewis, "The Japanese Way of Disciplining Children", Savvy Tokyo, 17 de fevereiro de 2021, https://savvytokyo.com/japanese-way-disciplining-children/.

44 Genkidesu, "The World Happiness Report 2020: How Happy Is Japan?", City-Cost, 30 de junho de 2020, https://www.city-cost.com/blogs/CityCostInsiders/z42mk-living.

45 Genkidesu, "The World Happiness Report 2020: How Happy Is Japan?".

46 Héctor García e Francesc Miralles, *Ikigai: The Japanese Secret to a Long and Happy Life* (Nova York: Penguin Books, 2017).

8: CLBC NO AMOR

1 "How Do Years of Silence Change Someone?", NPR, 21 de novembro de 2014, https://www.npr.org/2014/11/21/364150411/how-do-years-of-silence-change-someone.

2 Gary W. Lewandowski, "Most Couples Need to Fight More, Not Less — Here's Why and How to Do It", IDEAS.TED.com, 15 de abril de 2021, https://ideas.ted.com/most-couples-need-to-be-fighting-more-not-less-heres-why-and-how-to-do-it/.

3 "Does Marriage Counseling Work? Your Questions Answered", OpenCounseling, 18 de maio de 2022, https://www.opencounseling.com/blog/does-marriage-counseling-work-your-questions-answered.

4 "Divorce Statistics and Facts: What Affects Divorce Rates in the U.S.?", Wilkinson & Finkbeiner, 3 de março de 2022, https://www.wf-lawyers.com/divorce-statistics-and.

5 Susan Gilbert, "Married with Problems? Therapy May Not Help", *New York Times*, 19 de abril de 2005, https://www.nytimes.com/2005/04/19/health/psychology/married-with-problems-therapy-may-not-help.html.

6 William Doherty, "Bad Couples Therapy", Psychotherapy Networker, 30 de dezembro de 2008, https://www.psychotherapynetworker.org/blog/details/369/bad-couples-therapy.

7 Namkje Koudenburg, Ernestine H. Gordijn e Tom Postmes, "'More Than Words': Social Validation in Close Relationships", *Personality and Social Psychology Bulletin* 40, no. 11 (2014): p. 1517–28, https://doi.org/10.1177/0146167214549945.

8 Suzanne B. Phillips, "Post: Understanding the Sounds of Silence in Your Relationship", Couples After Trauma, 5 de fevereiro de 2010, https://couplesaftertrauma.com/2010/02/05/understanding-the-sounds-of-silence-in-your-relationship/.

9 Arthur Aron *et al.*, "The Experimental Generation of Interpersonal Closeness: A Procedure and Some Preliminary Findings", *Personality*

and Social Psychology Bulletin 23, no. 4 (1997): p. 363–77, https://doi.org/10.1177/0146167297234003.

10 UC Berkeley Campus Life, "The Science of Love with Arthur Aron," YouTube, February 12, 2015, https://www.youtube.com/watch?v=gVff7TjzF3A.

11 Constantine Sedikides, "The Relationship Closeness Induction Task", *Representative Research in Social Psychology* 23 (1999): p. 1–4, https://www.psychology.uga.edu/sites/default/files/RCITarticle1999.pdf.

12 Mandy Len Catron, *How to Fall in Love with Anyone: A Memoir in Essays* (Nova York: Simon and Schuster, 2018).

13 Mandy Len Catron, "To Fall in Love with Anyone, Do This," *New York Times*, January 9, 2015, https://www.nytimes.com/2015/01/11/style/modern-love-to-fall-in-love-with-anyone-do-this.html.

14 Upworthy, "How Would You React After Looking in the Eyes of a War Refugee?", YouTube, https://www.youtube.com/watch?v=By_BHbskg_E&t=237s.

15 Parker Molloy, "4 Minutes of Silence Can Boost Your Empathy for Others. Watch as Refugees Try It Out", Upworthy, 21 de outubro de 2021, https://www.upworthy.com/4-minutes-of-silence-can-boost-your-empathy-for-others-watch-as-refugees-try-it-out.

16 Alison Wood Brooks, Faculty and Research, Harvard Business School, https://www.hbs.edu/faculty/Pages/profile.aspx?facId=684820.

17 Alison Wood Brooks e Leslie K. John, "The Surprising Power of Questions", *Harvard Business Review*, maio-junho de 2018, https://hbr.org/2018/05/the-surprising-power-of-questions.

18 "How to Use the 7–38–55 Rule to Negotiate Effectively", MasterClass, https://www.masterclass.com/articles/how-to-use-the-7–38–55-rule-to-negotiate-effectively#how-to-use-the-73855-rule-to-negotiate-effectively.

19 Albert Mehrabian, *Silent Messages* (Belmont, Califórnia: Wadsworth Publishing, 1971).

20 "Albert Mehrabian", British Library, s.d., https://www.bl.uk/people/albert-mehrabian#:~:text=Drawing%20on%20the%20combined%20findings,liking%20%2B%2055%25%20facial%20liking.

21 "John Gottman", Wikipédia, https://en.wikipedia.org/wiki/John_Gottman#The_Gottman_Method_of_Relationship_Therapy.

22 K. T. Buehlman, J. M. Gottman e L. F. Katz, "How a Couple Views Their Past and Predicts Their Future: Predicting Divorce from an Oral History Interview", *Journal of Family Psychology* 5, nos. 3–4 (1992): p. 295–318, https://doi.org/10.1037/0893–3200.5.3–4.295.

23 "A Research-Based Approach to Relationships", Instituto Gottman, 19 de maio de 2022, https://www.gottman.com/.

NOTAS

24 Ellie Lisitsa, "The Four Horsemen: Criticism, Contempt, Defensiveness, and Stonewalling", Instituto Gottman, 11 de maio de 2022, https://www.gottman.com/blog/the-four-horsemen-recognizing-criticism-contempt-defensiveness-and-stonewalling/.

25 Joseph Klemz, "How Dr. Gottman Can Predict Divorce with 94% Accuracy", Real Life Counseling, 31 de julho de 2018, https://reallifecounseling.us/predict-divorce-gottman/#:~:text=One%20of%20the%20reasons%20Dr,makes%20at%20de%2Descalating%20tension.

26 Kyle Benson, "5 Steps to Fight Better If Your Relationship Is Worth Fighting For", Instituto Gottman, 3 de fevereiro de 2021, https://www.gottman.com/blog/5-steps-to-fight-better-if-your-relationship-is-worth-fighting-for/.

27 Mindful Staff, "Jon Kabat-Zinn, Advisory Board Member", Mindful, 12 de julho de 2018, https://www.mindful.org/jon-kabat-zinn-advisory-board-member/.

28 "Mindfulness STOP Skill", Cognitive Behavioral Therapy Los Angeles, 26 de março de 2022, https://cogbtherapy.com/mindfulness-meditation-blog/mindfulness-stop-skill.

29 Marty Nemko, MartyNemko.com, s.d., https://martynemko.com/articles/do-you-talk-too-much_id1371.

30 Mark Goulston, "HBS — Just Listen", Mark Goulston, 12 de fevereiro de 2016, https://markgoulston.com/how-well-do-you-listen-harvard-business-school-seems-to-think-not-well-enough/.

31 "Tinder Founder Sean Rad's Top Tips for the Perfect Profile", *British GQ*, 15 de março de 2019, https://www.gq-magazine.co.uk/article/tinder-perfect-profile-sean-rad#:~:text=We%20have%20a%20500%2Dcharacter,not%20give%20too%20much%20away.

9: CLBC É PODER

1 Shana Lebowitz e May Teng, "Anna Wintour's Strategy for Using Email to Get People to Confront Issues Sounds Terrifying — and Effective", *Business Insider*, 17 de dezembro de 2020, https://www.businessinsider.com/boss-people-management-advice-empower-employees-vogue-anna-wintour.

2 Amy Odell, *Anna: The Biography* (Nova York: Gallery Books/Simon and Schuster, 2022), p. 3.

3 Jeffrey Dastin, "With Bezos Out as Amazon CEO, Is This the End of His Ominous Question Mark Emails?", Reuters, 3 de fevereiro de 2021, https://www.reuters.com/article/us-amazon-com-bezos/with-bezos-out-as-amazon-ceo-is-this-the-end-of-his-ominous-question-mark-emails-idUSKBN2A32Z8.

4 Pauli Poisuo, "The Dark Truth About Amazon Founder Jeff Bezos", Grunge, 18 de maio de 2022, https://www.grunge.com/143621/the-dark-truth-about-amazon-founder-jeff-bezos/.

5   Odell, *Anna*, cap. 4.

6   Nora McGreevy, "Hear an A.I.-Generated Andy Warhol 'Read' His Diary to You in New Documentary", *Smithsonian Magazine*, 10 de março de 2022, https://www.smithsonianmag.com/smart-news/an-ai-generated-andy-warhol-reads-his-diary-to-you-in-new-documentary-180979658/.

7   David Robson, "How to Restore Your Sense of Control When You Feel Powerless", BBC Worklife, https://www.bbc.com/worklife/article/20201209-how-to-restore-your-sense-of-control-when-you-feel-powerless.

8   Drake Baer, "Why Every Email Should Be 5 Sentences Long", Fast Company, 26 de julho de 2013, https://www.fastcompany.com/3014857/why-every-email-should-be-5-sentences-long.

9   Matt Plummer, "How to Spend Way Less Time on Email Every Day", *Harvard Business Review*, 29 de outubro de 2020, https://hbr.org/2019/01/how-to-spend-way-less-time-on-email-every-day.

10 Bret Rappaport, "'Talk Less': Eloquent Silence in the Rhetoric of Lawyering", *Journal of Legal Education* 67, no. 1 (2017): p. 286–314, https://www.jstor.org/stable/26453545.

11 Jonathan Kandell, "Lew Wasserman, 89, Is Dead; Last of Hollywood's Moguls", *New York Times*, 4 de junho de 2002, https://www.nytimes.com/2002/06/04/business/lew-wasserman-89-is-dead-last-of-hollywood-s-moguls.html.

12 Connie Bruck, *When Hollywood Had a King: The Reign of Lew Wasserman Who Leveraged Talent into Power and Influence* (Nova York: Random House, 2004).

13 John M. Broder, "Biden Living Up to His Gaffe-Prone Reputation", *New York Times*, 11 de setembro de 2008, https://www.nytimes.com/2008/09/11/world/americas/11iht-biden.4.16081515.html.

14 George Packer, "The Quiet German: The Astonishing Rise of Angela Merkel, the Most Powerful Woman in the World", *New Yorker*, 24 de novembro de 2014, https://www.newyorker.com/magazine/2014/12/01/quiet-german.

15 Franz Baumann, "Political Genius Flying at Low Altitude", *Los Angeles Review of Books*, 30 de outubro de 2021, https://lareviewofbooks.org/article/political-genius-flying-at-low-altitude/.

16 Alessandra Scotto di Santolo, "Revealed: Moment Barack Obama Made Angela Merkel Cry in Key Eurozone Crisis Meeting", *Express*, 8 de fevereiro de 2019, https://www.express.co.uk/news/world/1084075/EU-news-Angela-Merkel-Barack-Obama-G20-eurozone-crisis-Greece.

17 Samantha Lachman e Ashley Alman, "Ruth Bader Ginsburg Reflects on a Polarizing Term One Month Out", *HuffPost*, 29 de julho de 2015, https://www.huffpost.com/entry/ruth-bader-ginsburg-tk_n_55b97c68e4b0b8499b18536b.

NOTAS

18. "You Look More Powerful When You Avoid Talking Details, Study Shows", Association for Psychological Science, 11 de julho de 2014, https://www.psychologicalscience.org/news/minds-business/you-look-more-powerful-when-you-avoid-talking-details-study-shows.html.

19. Namkje Koudenburg, Tom Postmes e Ernestine H. Gordijn, "Conversational Flow and Entitativity: The Role of Status", *British Journal of Social Psychology* 53, no. 2 (2013): p. 350–66, https://doi.org/10.1111/bjso.12027.

20. Heidi Mitchell, "How to Use Silence in Business Meetings", *Wall Street Journal*, 6 de maio de 2022, https://www.wsj.com/articles/use-silence-in-business-meetings-11651252991.

10: CLBC E ESCUTE

1. Caren Osten, "Are You Really Listening, or Just Waiting to Talk?", *Psychology Today*, 5 de outubro de 2016, https://www.psychologytoday.com/us/blog/the-right-balance/201610/are-you-really-listening-or-just-waiting-talk.

2. Stacey Hanke, "Are People Actually Listening to and Understanding What You Say? Here Are 5 Signs to Watch", *Entrepreneur*, 26 de outubro de 2017, https://www.entrepreneur.com/article/301188.

3. "Are You Really Listening: Hearing vs. Listening", Speakeasy, 4 de junho de 2022, https://www.speakeasyinc.com/hearing-vs-listening/.

4. Manyu Jiang, "The Reason Zoom Calls Drain Your Energy", BBC Worklife, 22 de abril de 2020, https://www.bbc.com/worklife/article/20200421-why-zoom-video-chats-are-so-exhausting.

5. Danielle Ofri, "The DayI Zipped My Lips and Let My Patients Talk", *First Opinion*, podcast, STAT, 24 de abril de 2018, https://www.statnews.com/2017/02/07/let-patients-talk/.

6. Danielle Ofri, "The Conversation Placebo", *New York Times*, 19 de janeiro de 2017, https://www.nytimes.com/2017/01/19/opinion/sunday/the-conversation-placebo.html?_r=0.

7. Helen Meldrum e Rebekah Apple, "Teaching or *Not* Teaching Empathic Listening to Future Physicians? Historical Roots and Ongoing Challenges", *International Journal of Listening* 35, no. 3 (2021): p. 209–15, https://doi.org/10.1080/10904018.2019.1684296.

8. Odell, *Anna*, 309.

9. Ginia Bellafante, "Can Anna Wintour Survive the Social Justice Movement?", *New York Times*, 12 de junho de 2022, https://www.nytimes.com/2020/06/11/nyregion/anna-wintour-conde-nast-racism.html.

10. "Tim Cook", *Fortune*, 26 de março de 2015, https://fortune.com/worlds-greatest-leaders/2015/tim-cook/.

11. "Obama Promotes Listening Skills in First Public Appearance After Leaving Office", YouTube, 24 de abril de 2017, https://www.youtube.com/watch?v=LQM5alO1rWs.

12. Louise Tickel, "Dyslexic Entrepreneurs — Why They Have a Competitive Edge", *Guardian*, 15 de janeiro de 2015, https://www.theguardian.com/small-business-network/2015/jan/15/dyslexic-entrepreneurs-competitive-edge-business-leaders.

13. Balazs Koranyi, Francesco Canepa e Frank Siebelt, "No Phones, No Leaks: How Lagarde Is Making Her Mark on ECB", Reuters, 10 de fevereiro de 2020, https://www.reuters.com/article/usecb-policy-lagarde-inisght/no-phones-no-leaks-how-lagarde-is-making-her-mark-on-ecb-idUSKBN2040NO.

14. "How to Use the 7–38–55 Rule to Negotiate Effectively".

SOBRE O AUTOR

Dan Lyons é autor de *Disrupted: My Adventures in the Start-Up Bubble*, livro de memórias que se tornou best-seller do *New York Times*, e *Lab Rats: How Silicon Valley Made Work Miserable for the Rest of Us*. Ele também foi roteirista de *Silicon Valley*, série de comédia da HBO. Como jornalista, passou uma década cobrindo o Vale do Silício para a *Forbes*, gerenciou a cobertura de tecnologia na *Newsweek* e contribuiu para a *Fortune*, o *New York Times*, a *Wired*, a *Vanity Fair* e a *New Yorker*. Ao promover o evangelho do silêncio, Lyons pretende ignorar o próprio bom conselho, gritando o mais alto possível.

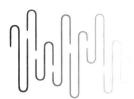 

ÍNDICE

A
Amazon, 34, 90, 101, 113, 143
amnésia digital, 32
Anderson, Wes, 181
ansiedade, 20, 71, 118, 131
    Ciclo da, 24, 39, 44, 109
Apple, 2, 29, 55, 90, 159, 173
aprendizado de máquina, 90, 93, 114
Aron, Arthur, 132
autoconversa distanciada, 77
autorrelaxamento, 183
Axsom, Jason, 98

B
Barres, Ben, 64
Beatty, Michael, 15, 21, 134
Belton, Teresa, 120
Bentsen, Lloyd, 155
Bezos, Jeff, 90, 143, 159
Biden, Joe, 23, 154
biofilia, 81
Bird, Mary Dickinson, 115–117
Bodin-Lerner, Sandra, 178
Bogost, Ian, 39
Bonderman, David, 60
Bond, James, 135

Brandeis, Louis, 161–162
Branson, Richard, 4, 67, 176
Brizendine, Louann, 58
Brooks, Alison Wood, 135
Brooks, Arthur C., 55
Brown, Tina, 121, 146
Bruck, Connie, 153
Burnham, Bo, 30
burnout, 107
Byrne, David, 147

C
Carnegie, Dale, 181
Cash, Steven A., 177
Catron, Mandy Len, 133
Chemaly, Soraya, 58
Churchill, Winston, 127, 146
CLBC, 39, 57, 71, 101, 124, 136, 186
    abordagem para marketing e publicidade, 92
    Cinco Maneiras de, 86–88
    cinco práticas para, 6–8
    genitor(es), 113–115, 125–127
    princípios da parentalidade, 120
CLBCD, 29
Clifford, Amos, 81

Cole, Steve, 75
Colonna, Jerry, 165, 183
comunicação poderosa, 146
Condé Nast, 143, 172
contato visual, 67, 133
conteúdo, 8, 28–33, 39, 48, 167
controle de impulsos, falta do, 22
conversa(s), tipos de, 51, 72, 86, 111
Cook, Tim, 4, 173
Covid-19
    lockdown da, 24, 30, 46, 85, 124, 129, 145
    vacina, 36
criatividade, 7, 83, 120
    crise de, 114
Crissinger, Andy, 166, 183
Crockett, Molly, 48

D
depressão, 38, 49, 71
desintoxicação digital, 54
diário de conversas, 87–88
discurso(s), tipo(s) de, 19, 76
dislexia, 176
Disraeli, Benjamin, 127
distanciamento linguístico, 77

Doherty, William, 131
Donovan, Katie, 95
dopamina, 49, 134, 141
Dorsey, Jack, 4, 35, 84
Doucleff, Michaeleen, 114
Dunbar, Robin, 39

E
Efeito Streisand, 147
Einstein, Albert, 4, 121
e-mail perfeito, 146
empatia, 50, 125
Escala Talkaholic, 13, 21
escuta
 agressiva, 169
 arte da, 176
 ativa, praticar a, 7
 empática, 170
 hierarquia de, 182
 inativa, 90
escutar, 7, 51, 166, 176
estresse, 107, 118
 hormônios do, 37, 79, 141
expressões faciais, 174

F
Facebook, 2, 25, 27, 43, 83, 106
falador(es)
 ansiosos, 20
 comedidos, 135, 145
 compulsivo(s), 3, 14, 100
 excessivos, 145
 impulsivo(s), 20, 98
fala excessiva, 44, 49, 90
 danos físicos, 74
 homens, 58
 situacional, 19
falar com intenção, 71, 94
falastrões, 1, 18, 46, 74, 185
 compulsivos, 168
 crônicos, como lidar com, 104
 deixar de ser um, 142

FALA, técnica da, 135
família real britânica, 121–124
finlandeses, 124–126
FOMO, síndrome de, 40
Francis, John, 130
Francis, Martin, 123
Franklin, Benjamin, 185
Frantzich, Stephen, 154

G
García, Héctor, 127
Gates, Bill, 36, 87–88
Gekko, Gordon, 150
Ginsburg, Ruth Bader (RBG), 4, 129, 161, 186
Gladstone, William, 127
Golden, Myra, 94
Google, 29, 45, 55, 63, 175
Gopnik, Alison, 116–118, 125–127
Gottman, John, 138
Goulston, Mark, 141
Gray, John, 63
Greene, Robert, 144, 163–164
Gregersen, Hal, 90
Groopman, Dr. Jerome, 169
Grossman School of Medicine, 53
Guevara, Che, 148

H
habilidades interpessoais, 92, 116
Hadid, Gigi, 172
Hallowell, Edward, 38
haragei (arte do estômago), 125
Harris, Kamala, 68
Harris, Tristan, 45
Hatch, Orrin, 38
Hoefle, Vicki, 115
humildade, 90–108

I
IA, algoritmos de, 34, 47
ikigai, 127
Instagram, 4, 25, 27, 43, 83
Instituto Gottman, 138

International Listening Association (ILA), 181
internet, 27–42, 52–54, 107
ishin-denshin (telepatia), 126

J
japoneses, 126–128
Jerome, Jennie, 127
Jobs, Steve, 2, 90, 121, 147, 159, 163–164, 173
Jogo das Três Perguntas, 183
Johnson, Ned, 118
Johnson, William, 151

K
Kabat-Zinn, Jon, 139
Kawasaki, Guy, 146
Kendall, Rob, 63
Kennedy, John F., 146
Kim, Kyung Hee, 114
Kloss, Karlie, 172
Koh, Helmutl, 157
Kullman, Ellen, 150

L
Lagarde, Christine, 183
Lanier, Jaron, 51
Lean, metodologia, 91
Leetaru, Kalev, 51
Lei de Miller, 148
Lembke, Anna, 49
Lewis, Kate, 126
Li, Dr. Qing, 79
limbo conversacional, 175
Lincoln, discurso de Gettysburg, 147
linguagem corporal, 59, 104, 136, 174, 184
LinkedIn, 27, 43, 83
loquacidade, 22, 61
Luís XIV, 145
Lustig, Robert, 38
Luy, Marc, 81
Lynch, James J., 74

ÍNDICE

Lynch, Todd, 78

M

Maguire, Jerry, 45
mansplaining, manspreading, manterrupting, 58-70
Marceau, Marcel, 134
Marriott Jr., J. W. "Bill", 175
Marx, Karl, 46
McCabe, Janice, 61
McCroskey, James C., 14
McNamara, Mary, 116
McNamee, Roger, 48
medicina psicossomática, 74
meditação vipassana, 83-86
Mehl, Matthias, 71, 127, 186
Mehrabian, Albert, 136
Meldrum, Helen, 170
Merkel, Angela, 156, 162-163
Método do Ponto de Interrogação, 143
Método Gottman de Terapia Conjugal, 138
Microsoft, 32, 55, 87-88
Miller, George, 148
Miralles, Francesc, 127
Miranda, Lin-Manuel, 120
MIT, 55, 90
Mori, Yoshiro, 60
multitarefa, 32
Musk, Elon, 49, 92, 101

N

narcisistas conversacionais, 20, 166
Nemko, Marty, 140
Netanyahu, Benjamin, 155
Netflix, 28, 45
neurogênese, 80. *Consulte* silvoterapia
Newport, Cal, 54
Nooyi, Indra, 149
Nordell, Jessica, 64

O

Obama, Barack, 148, 157, 163-164, 176
Obama, Michelle, 119
Obergefell v. Hodges, 161-162
Odell, Amy, 144, 171
ouvinte(s), 7-8, 141, 166-184

P

Packer, George, 156
PARE, método, 140
parentalidade, 112-127
Patagonia, 107
Patel, Nimesh, 55
pausas nas conversas, 4, 86, 95-97, 116, 131, 148, 168
Pease, Allan, 59
Peltz, Nelson, 150
Pence, Mike, 68
Pennebaker, James, 77
personas online, 37
Peters, Tom, 169, 184
Phillips, Suzanne, 132
phubbing, 35
podcasts, 4, 31
poder, 145
    da escuta, 167, 175
    da pausa, 86-88
    estratégias para obter mais, 162-163
    silencioso, 158
poluição sonora, 28
Presman, Gavin, 95
pressão arterial, elevação da, 29, 37, 74-75, 97
produtividade, 107, 146
    perda de, 99
Putin, Vladimir, 157

Q

QAnon, 36
Quayle, Dan, 155

R

Rad, Sean, 142
Räikkönen, Kimi, 124-126
raiva, 35-36, 48-49
Rajaram, Dhiraj, 82
Rappaport, Bret, 148
redes sociais, 4, 23, 37, 43-56, 83, 157
    evitar as, 168
Regra 7-38-55, 136
Regra 60-40, 134
Regra do Semáforo, 141
Richmond, Virginia, 14
Robinson, Marian Shields, 119
Rodgers, Nigel, 29
Rogers, Fred, 116
Rogers, Will, 6
Roosevelt, Franklin Delano, 146
Rosenfeld, Irene, 150
Roughgarden, Joan, 64
Russell, Bertrand, 87-88

S

Sagal, Peter, 53
Samarin, William, 148
Sandberg, Sheryl, 67
Sanders, Sarah Huckabee, 148
saúde mental, 55, 83, 127
Schmidt, Eric, 63
Scott, Kim Malone, 174
Sellers, Patricia, 150
serotonina, 134
shitsuke (treinamento ou educação), 126
silêncio, 7, 25, 27, 71, 83-88, 132, 134, 144-154, 168, 186
    caminhos para a aprendizagem, 116-118
    capacidade de permanecer em, 171
    para sinalizar desaprovação, 163-164

213

poderosa arma de negociação, 95
silvoterapia, 23, 78-83
sinais não verbais, 132, 137
Síndrome do Aluno Mais Inteligente da Sala, 169
Síndrome do Objeto Brilhante, 107
Sinek, Simon, 46
Skinner, B. F., 46
Smith, Megan, 63
Snapchat, 34, 46
Snyder, Kieran, 60
Sonmez, Felicia, 52
sontaku (ler nas entrelinhas), 126
Soprano, Tony, 17
Sorkin, Aaron, 121
Spender, Dale, 61
Stein, Jules, 153, 162-163
Stixrud, William, 118
Streisand, Barbra, 147
surdez momentânea, 141

T
Tackman, Allison, 76
tagarela(s), 20, 100, 141
Taj Hotels, 107
talkaholic(s), 20, 99, 135
    borderline, 186
talkaholism, 134

Tannen, Deborah, 62
Tavenner, Diane, 118
TDAH, 21, 168
tédio, 87-88, 120
teoria da Grande Mentira, 59
terapia, 21
    cognitivo-comportamental, 140
    conjugal, 131
    conversacional, 138
    de pronome, 78
    florestal relacional, 82
    não conversacional, 130
Tesla, 91, 149
TikTok, 25, 43
Tinder, 140
transtorno(s), 21, 37
Trump, Donald, 148
Turkle, Sherry, 50
tweetaholic, 45
Twilio, 91
Twitter, 4, 25, 27, 43, 84, 105, 149, 163
Tzu, Sun, 162

U
Uber, 60

V
Valenti, Jack, 153
vazamentos verbais, 162-163
videogames, 47
Virgin Group, 176
Vogue, 143, 171
Voss, Chris, 136
voz, tom de, 136

W
Walker, Emma, 51
Warhol, Andy, 144
Wasserman, Lew, 153, 162-163
Weigel, David, 52
Whitesides, George, 67
Wilson, Edward O., 81
Wintour, Anna, 143, 171
Wired, 33
Wolfe, Joanna, 65

Y
YouGov America, 53
YouTube, 4, 46, 97

Z
Zoom, Fadiga do, 168
Zuckerberg, Mark, 29, 159